中国与布基纳法索职业教育合作研究

——以"楚怡"职教在布基纳法索的实践为视角

桂　诚　周红波　郭长明　著

群言出版社

QUNYAN PRESS

·北　京·

图书在版编目（CIP）数据

中国与布基纳法索职业教育合作研究：以"楚怡"职教在布基纳法索的实践为视角 / 桂诚，周红波，郭长明著 . — 北京：群言出版社，2022.8
ISBN 978-7-5193-0758-5

Ⅰ . ①中… Ⅱ . ①桂… ②周… ③郭… Ⅲ . ①职业教育－国际合作－研究－中国、布基纳法索 Ⅳ . ① G719.2 ② G719.442

中国版本图书馆 CIP 数据核字（2022）第 157635 号

责任编辑：陈　芳
封面设计：刘志伟

出版发行：群言出版社
地　　址：北京市东城区东厂胡同北巷1号（100006）
网　　址：www.qypublish.com（官网书城）
电子信箱：qunyancbs@126.com
联系电话：010-65267783　65263836
法律顾问：北京法政安邦律师事务所
经　　销：全国新华书店

印　　刷：廊坊市海涛印刷有限公司
版　　次：2022年8月第1版
印　　次：2023年1月第1次印刷
开　　本：720mm×1020mm　1/16
印　　张：12.5
字　　数：172千字
书　　号：ISBN 978-7-5193-0758-5
定　　价：68.00元

中方职教专家组受邀出席布基纳法索全国职业教育系列活动启动仪式

布方学员来华培训，参观国内知名企业

中方专家组在机场为布方赴华参加职业教育培训的官员送行

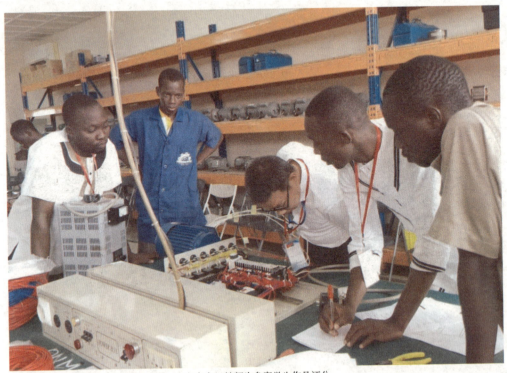

2019 年布基纳法索全国职业技能大赛，中方专家组教师为参赛学生作品评分

布基纳法索全国职业技能大赛上，中方专家组黄艺成（右一）为获奖选手颁奖

中方专家组黄艺成（左一）为博博迪乌拉索工业职业培训中心短期技能培训班优秀学员颁奖

中方专家组调研瓦加杜古职业培训中心

中方专家组成员与金亚雷职业培训中心 2020 年毕业生合影

中方专家组组长郭长明（前排右四）受邀为金亚雷职业培训中心校园开放日活动剪彩

中方专家组受邀出席布基纳法索全国职业培训及创业大会

布方教师来华培训教学现场

第一届布基纳法索全国高级教师培训班（精密仪器专业）合影

中方专家组姜海平（中）在博博迪乌拉索工业职业培训中心为学生讲解制冷与焊接专业知识

中方专家组卫生管道专业教师古勇（左二）指导学生实训

中方专家组机电一体化专业教师熊安平（左二）与布方教师研讨职业技能大赛赛题

中方专家组汽车维修专业教师杜诗葵（前）指导学生实训

中方专家组计算机专业教师杨泳（前排中）指导学生实训

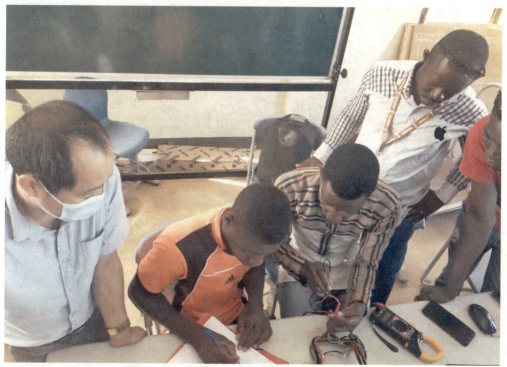

中方专家组计算机专业教师唐雷（左一）指导学生实训

中方专家组电工专业教师刘华（右四）指导学生实训

中方专家组姜海平为博博迪乌拉索工业职业培训中心实训室维修教学器材

序

　　布基纳法索是西非的一个内陆国家，位于非洲西部的撒哈拉沙漠南侧，大部分国土处于半沙漠地带，是一个落后的农业国，贫困和失业等民生问题十分突出。中国政府与布基纳法索政府于 2018 年 5 月复交。随着"一带一路"倡议的提出及中非全面战略合作伙伴关系的持续快速发展，中国与布基纳法索两国政府开始通过技术合作的形式开展职业教育合作，旨在提升布方职业教育水平，为当地培养职业技术人才。鉴于前期"楚怡"职教走入苏丹取得的经验，2018 年 6 月，商务部选派湖南外贸职业学院承担并启动了中布职业教育合作项目。

　　"楚怡"是百年前就已形成的中国职教品牌，是湘式职教的源头和先驱。湖南外贸职业学院派出专家团队赴布基纳法索指导教学，为"楚怡"职教扎根布基纳法索、继续深耕非洲进行孜孜不倦的探索。湖南外贸职业学院以"三个持续推进"促进双方职业教育合作：一是根据布方职业教育发展实际，打造团队，开发标准，持续推进"楚怡"职教标准落地布基纳法索；二是聚焦能力提升，强化指导，持续推进"楚怡"职教方案实施；三是加强中布职业教育文化交流，持续推进本土化技术技能人才培养。在具体做法上，湖南外贸职业学院做到了"三结合"："请进来"与"走出去"相结合，现场培训与来华培训相结合，物资支持和技术支持相结合。

　　在中布职业教育合作实践中，紧紧围绕服务国家"一带一路"倡议，紧紧配合"走出去"战略，紧紧依托中资企业，通过助力布基纳法索建立职业教育师资培训平台和职业教育标准，共建"楚怡"职教实训基地，打造本地化的职业教育品牌，指导布基纳法索组织开展全国职业技能大赛，取得了一系列丰硕的成果。中布两国的职业教育合作契合了时代需要、适应了布方的社会需求，受到了当地政府、民众和职业教育界的积极响应和热烈欢迎。

2021年1月国务院新闻办公室发布的《新时代的中国国际发展合作》白皮书，充分肯定了中布职业教育合作项目取得的成绩："援布基纳法索职业培训中心技术援助激活了当地职业教育市场。"2021年第二届中国－非洲经贸博览会《中非经贸合作案例方案集》刊发了中布职业培训中心技术合作项目案例，并对此进行了高度评价："该技术合作项目提升了布基纳法索职业教育人才培养质量，帮助布基纳法索初步建立了现代化职业教育培训体系，进一步巩固中布友好关系，为'一带一路'建设和中非合作'添砖加瓦'，助力了两国关系的健康可持续发展，进而形成与非洲当地经济社会发展高度契合的职教发展新局面。"

本书总结了新时代中布职业教育合作的背景、模式、路径。"楚怡"职教深耕非洲，取得了丰硕的成果，开创性地在布基纳法索建立了合作基地，用中国标准支持布基纳法索举办全国职业技能大赛，推进鲁班工坊的建设、运营，为促进布基纳法索青年就业、减贫、人力资源开发和经济社会发展进行了有益的尝试，破解了如何在非洲国家用中国职教方案培养技术技能人才，满足中资企业本土化技术技能人才需求的难题。该成果为新时代中非职业教育合作积累了宝贵的实践经验，可复制、可推广。

佛朝晖

2022 年 4 月 20 日

目 录

第一章

中布职业教育合作的背景

一、布基纳法索经济社会发展概述

（一）历史简况

布基纳法索是一个古老而又年轻的国家。公元 9 世纪莫西人建立了以莫西族为主的王国，15 世纪莫西人首领建立亚腾加和瓦加杜古王国。1895—1896 年被法国占领，并成为法属西非的一部分。1957 年成为半自治共和国。1958 年 12 月成为法兰西共同体内的自治共和国。1960 年 8 月 5 日宣告独立，定国名为上沃尔特共和国，定都瓦加杜古。1984 年 8 月 4 日，结合当地主要语言莫西语的 burkina（意为"正人君子"）和班巴拉语的 faso（意为"国家"），更国名为布基纳法索（Burkina Faso），意思是"正人君子之国"。2015 年 11 月，总统选举顺利举行，人民进步运动党候选人卡博雷当选总统，并于 12 月宣誓就职。2020 年 11 月，卡博雷成功连任。（中华人民共和国外交部，2021）

（二）地理位置、人口及行政区划

1. 地理位置

布基纳法索是位于非洲西部沃尔特河上游的内陆国，全境大部分地区地势平坦，平均海拔不到 300 米；纳库鲁峰海拔 749 米，为全国最高点。

布基纳法索位于零时区，当地时间比北京时间晚 8 小时，不实行夏时制。

2. 面积与人口

布基纳法索的国土面积为 27.42 万平方公里，东邻贝宁、尼日尔，南与科特迪瓦、加纳、多哥交界，西、北与马里接壤。布基纳法索全国总人口约为 2151 万（2020 年），人口密度约为每平方公里 78 人。布基纳法索共有 60 多个部族，分为沃尔特和芒戴两个族系。沃尔特族系约占全国人口的 70%，主要有莫西族、古隆西族、古尔芒则族、博博族和洛比族。芒戴族系约占全国人口的 28%，主要有萨莫族、马尔卡族、布桑塞族、塞努福族和迪乌拉族。在北部地区还有一些从事游牧业的颇尔人和经商的豪萨人。布基纳法索的官方语言为法语，主要民族语言有莫西语、迪乌拉语和颇尔语。布基纳法索 50% 的居民信奉原始宗教，30% 的居民信奉伊斯兰教，20% 的居民信奉天主教。

3. 行政区划

布基纳法索下辖 13 个大区，下设 45 个省。卡迪奥果省首府瓦加杜古是布基纳法索首都和最大城市，地处中部，地势平坦，海拔 300 多米，人口为 163 万（2019 年）。瓦加杜古市分成 5 个大区，30 区域与 17 个镇，集中了全国约一半左右的工业企业。乌埃省首府博博迪乌拉索是布基纳法索的第二大城市，位于西部乌埃河畔，距离瓦加杜古 350 公里，是布基纳法索的经济、文化和音乐重镇，人口约为 37.3 万。

4. 自然资源

布基纳法索的矿产资源主要有黄金、锌、铜、锰、锑、磷酸盐、石灰石、大理石、铁矿、高岭土、滑石、花岗岩、铝矾土等。但受制于勘探工作不足，大量矿产尚未被开发。布基纳法索已探明的矿产资源有：黄金 150 万吨，锰 1 770 万吨，磷酸盐 2.5 亿吨，锌银合成矿 1 000 万吨，石灰石 600 万吨。（2019 年）

（三）产业发展现状

根据布基纳法索国家统计局 2020 年国家数据报告显示，农牧业、工业、服务业占国内生产总值（GDP）比重分别为 29.30%、19.00%、51.70%，如图 1-1 所示。

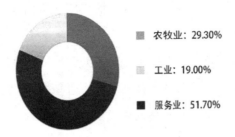

农牧业：29.30%

工业：19.00%

服务业：51.70%

图 1-1　布基纳法索产业发展现状

1. 农牧业

布基纳法索有 84% 的劳动力从事农牧业生产。2019 年，布基纳法索的农牧业产值约占国内生产总值的 29.30%。布基纳法索共有耕地 327 万公顷，可灌溉土地 150 万公顷。布基纳法索的主要粮食作物有稻米、小米、玉米和木薯，主要经济作物有棉花、腰果、花生和芝麻等。棉花是布基纳法索的主要经济作物和出口创汇产品，是继黄金之后第二大收入来源，2019 年棉花产量约 52 万吨。

2. 工业

布基纳法索仅有 5% 的劳动力从事工业生产。2020 年，布基纳法索的工业产值约占 GDP 的 19%。布基纳法索的主要工业门类为农牧产品加工业和轻工业，包括纺织、屠宰、制糖、皮革、啤酒、塑料制品及少量电力、机械工业等。矿业是布基纳法索重要收来源。2019 年，布基纳法索的黄金产量为 60

吨。此外，锌产量也在 2018 年达到 16.5 万吨，比 2017 年增加 0.5%。布基纳法索现有矿业公司 24 家，其中外资公司 11 家，合资公司 8 家，本国独资公司 5 家。近年来，布基纳法索建筑业发展迅速。

3. 旅游业

布基纳法索的旅游业在 2000 年以后获得了快速发展，每年吸引外国游客约 25 万人次（主要来自欧洲和非洲），是布基纳法索经济增长的新亮点。布基纳法索共有旅馆 40 多家，旅游从业人员 1.5 万人，年平均收入超过 4 000 万美元。布基纳法索西南部的科莫埃省以河马湖、法贝杜古丘陵及大片甘蔗田等景点著称，辛杜石林、世界文化遗产——洛罗佩尼遗址、帕马国家森林公园和阿尔利国家森林公园等自然和人文景观，都是布基纳法索著名的旅游景点。

（四）经济状况

1. 投资吸引力

布基纳法索投资环境的优势在于：第一，市场未得到充分开发，具备一定的开发潜力，投资合作领域广阔；第二，棉花、金矿等资源丰富；第三，政府鼓励外来投资，并提供部分优惠政策，投资合作形式多样化。世界银行发布的《2020 年营商环境报告》显示，布基纳法索在全球 190 个国家和地区中，营商环境排名第 151 位。

2. 宏观经济

布基纳法索是联合国公布的最不发达国家之一，是国际货币基金组织和世界银行已批准的符合重债穷国倡议援助条件的 36 个国家之一。

3. 经济增长率

布基纳法索国家统计局 2019 年国家数据报告显示，2019 年 GDP 增长率为 5.7%。据国际货币基金组织数据库显示，2020 年，布基纳法索 GDP 增长率为 1.93%，GDP 总量为 179.34 亿美元。

4. 对外贸易

2020 年布基纳法索进出口总额为 65.6 亿美元，同比下降 10.5%，其中进口额为 32.5 亿美元，出口额 33.1 亿美元。布基纳法索的主要进口国为中国、科特迪瓦、法国、美国和俄罗斯，主要出口国为瑞士、印度、科特迪瓦和新加坡。布基纳法索主要出口黄金、棉花和腰果，主要进口生产工业品所需的生产资料、石油制品和食品等。

（五）交通运输现状

1. 公路

布基纳法索的公路四通八达，总长约 1.5 万公里，其中一级公路总长约 3 000 公里，无高速公路。连接首都瓦加杜古与主要城市的公路及城市主要干道的路况尚可，其他二级公路和支线的路况较差，一些公路在雨天甚至无法通行。布基纳法索的重要国际通路有：瓦加杜古—博博迪乌拉索—科特迪瓦或马里边境道路，瓦加杜古—法达恩古尔马—贝宁、多哥或尼日尔边境道路及作为布基纳法索主要进出口物资通道的瓦加杜古—波镇—加纳边境道路。

2. 铁路

布基纳法索只有 1 条铁路，其路线为：布基纳法索的卡亚—瓦加杜古—博博迪乌拉索—邦福拉—科特迪瓦的费尔凯塞杜古—布瓦凯—丁博克罗—阿比让，全长 1 260 公里，布基纳法索境内全长 600 公里。按最初设计，该铁路将一直修至布基纳法索北部矿区，以方便矿石运输，后由于多种原因导致计划于 20 世纪 80 年代搁浅。2020 年，负责该铁路运营的公司 SITARAIL 由布基纳法索和科特迪瓦两国共同投资，各占 50％ 股份，由法国布伊格公司特许经营，主要从事货运，客运份额较少。该铁路由于年久失修，货运速度仅为每小时 50 公里，客运速度为每小时 40 公里，两国首都之间的运行时间长达 28 个小时。由于两国公路网日益发达，铁路客、货运输量逐年减少。

科特迪瓦和布基纳法索两国政府拟对该铁路实施现代化改造。2020 年，该铁路修复项目已确定交由法国波洛莱集团实施，工程建设内容主要包括瓦加杜古—阿比让铁路的修复工程及客、货运车站的修复或新建工程。此外，卡亚—贝宁帕拉库铁路项目也在规划之中，该项目将连接现有的阿比让—卡亚与帕拉库—科托努两段铁路，使总长 2 700 公里的阿比让—科托努铁路全线贯通，这将极大地方便布基纳法索与尼日尔的矿产品经阿比让港和科托努港出口。

3. 航空

布基纳法索有大小机场 10 余个，其中瓦加杜古、博博迪乌拉索机场为国际机场，可供大型飞机起降。瓦加杜古国际机场为全国最繁忙的机场，位于瓦加杜古市区，占地约 400 公顷，跑道长 3 000 米，年客运量 60 万人次。2020 年，多家国际航空公司入驻瓦加杜古国际机场，开通了瓦加杜古至伊斯坦布尔、卡萨布兰卡、突尼斯、亚的斯亚贝巴、阿比让、布鲁塞尔、巴黎、达喀尔、洛美、尼亚美、巴马科、阿克拉、科托努和博博迪乌拉索 14 条国际、国内航线。

布基纳法索航空公司成立于 1967 年 3 月，由布基纳法索政府、法国航空公司和部分私人参股组建。2001 年实行私有化改造，现在由阿迦汗基金会控股（56％）。布基纳法索航空公司共拥有飞机 2 架，均为巴西航空工业公司制造的 Embraer 170 客机。目前，布基纳法索航空公司已开通至科特迪瓦、加纳、贝宁、塞内加尔、多哥、尼日尔、马里等西非国家的航线。

截至 2022 年 8 月，中国与布基纳法索之间没有直达航班，需经法国的巴黎、土耳其的伊斯坦布尔、比利时的布鲁塞尔或埃塞俄比亚的亚的斯亚贝巴等地转机。

4. 水运

布基纳法索为内陆国家，无海港，其境内有沃尔特河三条支流流经，分别是黑沃尔特河、白沃尔特河与红沃尔特河，其上源支流穿过萨瓦纳草原进入加纳境内，并贯穿其全境，最终汇入几内亚湾。

（六）教育和医疗

1. 教育

布基纳法索政府非常重视教育事业。布基纳法索的学制与法国类似，小学 6 年，初中 4 年，高中 3 年，大学一般院系为学制 3 年。据布基纳法索国民教育部统计，2015—2016 学年，全国共有小学 14 655 所，其中，公立小学 11 292 所，私立小学 3 363 所；共有教室 59 938 间，教师 59 001 人，在校学生 2 873 049 人，师生比例为 1：48.7，入学率 71.1%，毕业率 58.2%。2014 年，布基纳法索共有中学 293 所，在校学生 146 850 人。

布基纳法索有包括瓦加杜古大学、博博工科综合大学和库杜古高等师范学校等在内多所高等学府。其中瓦加杜古大学为综合性大学，注册学生约 1 万人，除本国学生外，还有来自非洲 9 个国家的数百名留学生。此外，布基纳法索还有各种扫盲、培训中心 1 473 个，约 3.7 万人参加学习。

自 2007 年起，布基纳法索公立小学和初中全面实行免费教育。私立学校的教学质量较好，但收费昂贵。法国、美国等国在布基纳法索都办有学校，这些学校的学费也非常昂贵。

2. 医疗

布基纳法索的医疗设施多集中于首都瓦加杜古等大城市，农村地区的医疗条件十分简陋。布基纳法索的社会医疗保险覆盖率不足 10%，主要覆盖对象为在正规公共部门或私营企业就业的人群，非正规就业人群和农村居民等弱势群体无法覆盖。据世界卫生组织统计，2015 年布基纳法索全国经常性医疗卫生支出占 GDP 的 5.4%，按照购买力平价计算，人均经常性医疗卫生支出为 96.1 美元；2016 年，布基纳法索的人均寿命为 52.9 岁。

二、中布双边关系发展

（一）布基纳法索的对外关系

布基纳法索奉行和平、发展和全面开放的外交政策，强调务实的经济外交，同西方国家特别是法国保持着密切关系。近年来，布基纳法索注重加强同美国及亚洲国家交往，积极参与地区事务，努力调解多哥、几内亚、科特迪瓦和马里等国危机，并向中非、马里等国派遣维和部队。2014 年，布基纳法索同毛里塔尼亚、马里、尼日尔和乍得成立萨赫勒五国集团（G5；2022 年 5 月 15 日，马里过渡政府宣布退出萨赫勒集团所有机构，包括其联合反恐部队），组建联合反恐部队，共同应对地区安全威胁。

法国是布基纳法索独立前的宗主国、最大的贸易伙伴和援助国。2016 年，卡博雷访法，并接待时任法国总理瓦尔斯访布。2017 年 1 月，卡博雷赴马里出席第 27 届法国-非洲国家峰会。4 月，卡博雷访法，会见时任法国总统奥朗德。11 月，法国总统马克龙访布，与卡博雷举行双边会谈。2018 年 3 月，法国外交部部长勒德里昂访布，卡博雷会见。12 月，卡博雷访法，会见法国总统马克龙。2019 年 11 月，法国国防部部长访布，卡博雷会见。2020 年 1 月，卡博雷应邀赴法国波城出席 G5 国家反恐特别峰会。此外，布基纳法索与欧盟保持着良好的合作关系。欧盟在减贫、教育、基础设施建设、司法、国防和安全体系改革等领域向布基纳法索提供了大量援助。

孔波雷执政期间，布基纳法索积极参与调解几内亚、科特迪瓦、马里等国家的热点问题，同尼日利亚、科特迪瓦、加纳等西非国家保持频繁往来，关系十分密切。2019 年，卡博雷总统访问德国、土耳其、阿联酋，赴埃塞俄比亚出席第 32 届非盟峰会，赴法国比亚里茨出席七国集团（G7）峰会，赴日本出席第七届东京非洲发展国际会议（TICAD）横滨峰会，赴美国纽约出席联合国大会，赴俄罗斯索契出席首届俄非峰会，在首都瓦加杜古召开 G5 峰会、西非国家经济共同体（西共体，ECOWAS）反恐特别峰会。2019 年 5 月，时任德国总理默克尔访布。2020 年，卡博雷总统访问尼日利亚、几内亚比绍、加纳、多哥、科特迪瓦、几内亚等国，赴埃塞俄比亚出席第 33 届非盟峰会，赴尼日尔首都尼亚美出席第 57 届西共体峰会，视频出席西共体国家应对新冠肺炎疫情首脑特别会议、西共体关于解决马里政治危机特别峰会等多边会议，赴毛里塔尼亚首都努瓦克肖特出席 G5 峰会，赴加纳首都阿克拉出席西共体特别峰会讨论如何应对马里局势，会见西共体委员会主席让-克劳德·卡西-布鲁，出席欧盟同 G5 高级别视频会议。2021 年，卡博雷总统访问加纳等国，赴加纳首都阿克拉出席西共体第 58、59 届首脑会议。

（二）中国与布基纳法索的双边关系发展

中国与布基纳法索于 1973 年 9 月建交。1994 年 2 月 2 日，2 月 4 日中国政府宣布中止与布基纳法索的外交关系。2018 年 5 月 26 日，国务委员兼外交部部长王毅在北京同布基纳法索外交部部长巴里签署《中华人民共和国与布基纳法索关于恢复外交关系的联合公报》，即日起两国正式恢复大使级外交关系。2018 年 9 月，卡博雷总统应邀来华出席中非合作论坛北京峰会，并对中国进行国事访问。习近平主席同卡博雷总统实现首次会晤，两国元首共同擘画了双边关系发展蓝图。国务院副总理胡春华、国务委员兼外交部部长王毅先后于 2018 年 7 月、2019 年 1 月访问布基纳法索。布基纳法索议长萨康德、外交部部长巴里分别于 2019 年 3 月、4 月成功访华。

复交四年多来，中布双方关系发展迅速，双边务实合作成效显著，在卫生、教育、农业、基础设施、经贸等领域均取得了丰硕成果。两国政治互信不断加强、民意基础更加坚实。特别是在新冠肺炎疫情席卷全球的背景下，中国政府更是雪中送炭，通过援助新冠疫苗等物资支持布基纳法索抗疫防疫、重振经济。

据不完全统计，中布复交以来，为落实两国领导人达成的合作共识，双方互访的各类团组已有 50 多个，布方赴华人员超过 1 万人次。据中国海关统计，2019 年中布双边贸易总额为 3.2 亿美元，2020 年中布双边贸易总额为 4.0 亿美元，同比增长 24.5%。自 2018 年 9 月 1 日起，中国政府对布基纳法索 97% 的输华产品免关税，此项优惠政策对两国贸易尤其是布方对华出口起到积极促进作用。

除了经贸领域，中布双方在教育、卫生、技术合作、文化等领域的合作也是可圈可点。例如，在教育领域，在基础教育方面，中国援布 113 所茅屋小学改造项目竣工交付。在高等教育方面，百余名布基纳法索优秀学子获得中国政府奖学金赴华求学，博博迪乌拉索孔子学院启动，中方在力所能及的范围内，帮助布方加大教育投入，提升教育水平，从而进一步为布基纳法索创造就业条件，为促进经济社会发展涵养人才。职业教育方面，目前中布职业教育合作项目涉及6个专业，在首都瓦加杜古、博博迪乌拉索和金亚雷培训数百名老师和学生，安排布方学员到中国实习，在布基纳法索举办全国职业技能大赛，并将经验汇集成册。在卫生领域，中国政府援助的大型医疗建设项目——博博迪乌拉索医院建成后，将极大地缓解布基纳法索医疗基础设施严重匮乏的现状。新冠肺炎疫情在布基纳法索出现以来，中方社会各界为布方提供了大量医疗物资，特别是中国政府派出的第一支援非抗疫医疗专家组，帮助布方完善了疫情防控体系，增强了医护团队应对疫情的能力，对布基纳法索取得疫情防控的进展功不可没。

三、布基纳法索职业教育概况

（一）布基纳法索职业教育发展现状

1. 布基纳法索职业教育取得的主要成绩

布基纳法索于2007年7月开始对其自1996年以来施行的职业技术教育培训系统进行改革。2008年，布基纳法索继续推进职业技术教育现代化进程并推行国家职业技术教育和培训政策，旨在为布基纳法索实施加速经济增长和可持续发展战略提供优质劳动力资源。2014年，布基纳法索开始推行职业培训普及战略及综合行动计划，旨在为不同的社会阶层提供整合专业所需的专业技能。这些工作，有效地促进了布基纳法索职业教育的发展。我们能深刻感受到：布基纳法索政府和社会都对发展职业教育有着强烈的愿望，政府出台了一系列政策和法规，对职业教育的投入在不断增加；在职业教育改革方面开展了一些有益的探索；在师资方面，不断完善培训机制，旨在师资水平的提升；社会和家长对职业教育的认识在逐步改变，职业教育越来越受到重视。

2. 布基纳法索劳动人口接受教育情况

布基纳法索的"法定劳动适龄范围"为 15—64 岁。据布方有关调查报告估测，布基纳法索的劳动适龄人口极度年轻化，30 岁以下劳动人口约占总劳动人口的一半，且受教育水平较低，约有 75.3％的人没有受过教育。大部分劳动力的受教育水平仅停留在小学阶段（12.8％），只有 10％达到中学水平，2％达到高等教育水平。而农村地区的教育缺乏程度比城市地区更为严重。

根据布基纳法索 2009—2010 年的调查结果显示，16—64 岁人口中仅有极少人接受过职业教育。在 2013—2014 年，布基纳法索职业技术教育培训接收了 28 232 名学习者，而几乎所有学员（92％）都生活在城市地区，这些地区也是 85％培训机构的所在地。

（二）布基纳法索的职业教育体系

据统计，布基纳法索共有公立职业教育机构（职业培训中心）14 所，分布在 10 个城市，每所学校的在校生为 200—600 人不等，开设专业主要有计算机、木工、建筑电气、汽车机械、焊接、摩托车及农机维修、卫生管道、裁剪与缝纫、美容美发、泥工等。布基纳法索的教育分属不同的部门管理，普通教育归国民教育部管理，高等教育归高等教育、科研与创新部管理，职业教育归青年、培训与职业教育部（以下简称"青职部"）管理。

自 1960 年独立以来，布基纳法索对其职业教育体系进行了多次改革，如 1996 年开始的职业教育培训系统改革、2008 年发布的国家职业教育和培训政策、2014 年开始实施的职业培训普及战略等。但由于各种原因，很多改革措施难以收到预期效果，有些甚至不得不被摒弃。职业技术教育和培训多半处于自发散漫阶段，质量差、规模小在所难免。

（三）布基纳法索的教育史和政策

1. 布基纳法索的教育史

布基纳法索有很多教育政策从未被执行，因为它们被认为太肤浅了。20 世纪 60 年代，年轻人应该获得更多的农业知识以增加粮食产量的思想开始流行起来。布基纳法索从 1967 年开始开办高等教育中心（农村教育中心），并教授 3 年的农业教育课程。然而，这一机构很快就被关闭。因为 1970 年的一项评估表明，该方案只覆盖到了总目标 136 000 名青年中的 20％。1971—1980 年，由于外部资金问题，布基纳法索的入学儿童数量增长缓慢。作为革命政策的一部分，布基纳法索在 1983—1987 年建造了 22 379 间新教室。之后，一项国家义务服务迫使教师们在农村地区教书，并且很多新教师仅仅经过几个月的培训就被招募和雇用。1982—1990 年，布基纳法索的入学率从 16％上升到 30％，但由于对教师的资格要求较低，教学质量在很大程度上下降。20 世纪 90 年代初，布基纳法索开始实施结构调整方案，其间，为了改善教育供应，国际机构在招募和培训教师方面进行了投资。外债对布基纳法索的教育成果产生了负面影响，贫困和就业机会的减少削弱了人们对教育的需求。自 20 世纪 90 年代以来，低出勤率、低教育质量和管理方案不足一直是布基纳法索教育的特点。1996 年，政府制定并实施了一项女孩特别行动计划，旨在提高女孩的入学率，使女孩们能够顺利地在学校中学习，并为此成立了女孩教育特别委员会，即"妇女教育促进指导"（DPEF）。

2. 布基纳法案教育政策

虽然对法国殖民者和1900年基督教传教士到来之前存在的传统教育形式知之甚少，但可以断定的是，布基纳法索的第一次扫盲教育是在几个世纪前由穆斯林引入的。随着伊斯兰教在西非的扩张，布基纳法索结合伊斯兰基础教育和农业生产，建立了农村教育机构。基督教传教士引进了第一批西式学校。法国殖民者在加纳和科特迪瓦沿海地区的上沃尔塔的正规教育上投资很少，因为该地区被认为是富人的劳动力储备。为了教育当地的行政人员，法国殖民者主要关注酋长们的儿子。与法国殖民者相比，传教士更努力地教育女孩，因为女孩的兴趣是成为优秀的基督徒。

在殖民时期（1890—1960），布基纳法索的教育体系和课程是法国教育体系的复制品。在1960年独立时，布基纳法索的入学率很低，仅为6.7%。1960—1966年，布基纳法索的入学率增长到10.5%（从51 000人增长到98 000人）。随后，由于政府通过所谓的自我调整来削减公共支出，当政府决定停止补贴基督教机构时，入学率便因此停止增长。自独立以来，布基纳法索不仅仅关注学校里儿童的数量，更关注教学质量和课程相关性方面的问题，人们对地理、历史和文化现实的课程改革表示关切。1962年，布基纳法索政府对课程进行了轻微的修改。但直到1974年，布基纳法索才真正启动了对其教育体系的重大改革。改革的结果似乎很有希望，但这一改革在1984年因当时国家革命政权的一项政治决定而突然结束。1986年，一个名为Burkinabe革命学校系统的改革项目被设计出来，并且它在没有任何形式的实验的情况下立即实施。这一项目包含了许多激进的想法，如将英语和法语一起作为外语引入、在小学开设计算机科学课、取消教育文凭等。由于一些未被透露的原因，该项目很快就被搁置了。

1994年，布基纳法索革命结束约7年后，召开了全国教育大会，由利益攸关方的代表参加，旨在诊断教育系统的问题并提出新的方向。本次全国教育大会上的建议已被编写进1996年通过的教育导向法。在2001年的一封教育政策信中，进一步具体化了这项法律。随后于2002年，布基纳法索又举行了一个教育论坛。在布基纳法索2001—2010年的教育发展计划中，各州最重要的是十年基础教育发展计划。该计划的第一阶段已于2006年结束，第二阶段正在与2007年启动的全面改革同时实施。1996年通过的教育导向法被2007年7月30日国民议会通过的新法律取代。新法律明确规定，接受基础教育是免费和义务性的，生活在布基纳法索的每个6—16岁的儿童都必须接受基础教育，不论其性别、种族、信仰、社会出身、政治观点、国籍或身体状况。该法律具体规定了布基纳法索教育的目标，同时还描述了教育体系的结构，甚至在一些热门问题上作出了要求，如学校使用的语言。

（四）布基纳法索的教育系统

布基纳法索的教育系统由正式的和非正式的教育子系统组成。布基纳法索的官方语言是法语，而不是该国的第一语言，所以教育主要是用法语进行的，但布基纳法索只有15％的人会说法语。

1. 正规教育

布基纳法索的正规教育分为基础教育（6年）、初中（4年）、高中（3年）和高等教育。学校的上学时间是周一到周三、周五和周六。学校的上课时间是7：30—12：30和15：00—17：00。正式的长假期从7月中旬到9月。但事实上，特别是在许多农村地区，小学会提前1—2个月停止教学，并且实际的假期主要与每年的雨季重合，因为大部分的农业和放牧工作必须在雨季完成。

（1）基础教育。

布基纳法索的基础教育包括学前教育（面向 3—6 岁儿童）和小学（面向 6—13 岁儿童）。小学分为 3 个周期：预备课程（CP1 和 CP2）、初级课程（CE1 和 CE2）和中级课程（CM1 和 CM2）。这些课程结束后，学生将会获得证书（CEP），用以继续接受中等教育。在农村地区，小学通常被组织成一个"多级"系统。现在，布基纳法索的人们正在鼓励回归这个存在于 20 世纪 80 年代的"古典制度"。由于缺乏教师，在这一制度之下，学校每两年只招收一次学生，将这群处于两个不同年龄段的孩子分在一个班。在入学率更高和教师资源更多的城市地区，这种"双流"系统有时也会被采用，尽管每个年级都有几个班和很多教师。国家基础教育和扫盲部（MEBA）负责 5 个针对小学教师的培训学院。

（2）义务教育。

半个多世纪以来，主要的教育国际条约一直承认义务受教育是一项人权，特别是在过去的十年里，普及（小学）教育的运动取得了很大的进展。2000 年联合国千年发展目标（MDGs）将 2015 年定为实现普及初等教育的一年。布基纳法索的教育法规定，接受义务教育的年龄为 6—16 岁。尽管布基纳法索政府做出了这些努力，并在国家政策上得到了呼应，但辍学率依然很高，并且留级学生的数量也很多。初等教育应该是免费的和义务性的，但这些规定并不总是被遵守。布基纳法索大约有 66% 的儿童能够接受小学教育，只有 17% 的学生能够接受中学教育。

（3）中等教育。

布基纳法索的中等教育有两种类型：普通教育和职业技术教育。绝大多数中学生都是接受普通教育的。在普通教育中，四年中的第一个周期以第一学年通过 BEPC 考试结束。BEPC 证书是进入某些特定高等院校和护理学院的最低要求，包括教师培训学院和护理学院。第二个周期的（普通）中等教育再持续三年，以通过学士学位考试结束，它为学生提供了进入大学的机会。布基纳法索正规的职业技术中等教育有三种类型：第一种是花3—4年获得上限能力证书；第二种类型从取得BEPC证书开始，然后花2年时间得到专业资格证书；第三种类型也从取得BEPC证书开始，然后需要3年的时间得到学士学位。

（4）高等教育。

布基纳法索的高等教育一共包括三个周期：第一个周期为2年，获得普通大学文凭（DEUG）；第二个周期为2年，取得硕士学位；第三个周期为可变持续时间，可能获得博士学位。布基纳法索有三所主要的公立大学：博博迪乌拉索工业大学、库杜古高等师范学校和瓦加杜古大学。布基纳法索的第一所私立高等教育机构成立于1992年。2000年，非洲天主教大学在博博迪乌拉索开设了布基纳法索校区，设有食品和农业专业。2004年，非洲天主教大学又在瓦加杜古开设了天主教圣托马斯水大学。布基纳法索每一所大学的师生比都有所不同：在瓦加杜古大学，每24名学生有1名讲师，而在博博迪乌拉索工业大学，每3名学生就有1名讲师。布基纳法索高等教育的供应高度集中在瓦加杜古。2010—2011年，瓦加杜古大学约有4万名学生（占全国大学生人数的83%），库杜古高等师范学校有5 600名学生，博博迪乌拉索工业大学有2 600人。布基纳法索每所私立大学的学生都不到1 000人。

2. 主要教育政策制度

2014年，布基纳法索开始推行职业培训普及战略及综合行动计划，旨在为不同的社会阶层提供所需的职业技能。湖南外贸职业学院教师在布基纳法索工作期间也能够深刻地感受到布基纳法索政府和社会对发展职业教育的强烈愿望。社会和家长对职业教育的认识也在逐步改变，职业教育的前景看好。

布基纳法索将职业教育定义为职业技术培训，为了发展和推广职业教育，制定了一系列职业技术教育和培训政策。

（1）2008 年国家职业技术教育和培训政策。

国家职业技术教育和培训政策起草时，正值大多数职业技术教育和培训参与者与合作伙伴对该领域不太关注之际。事实上，许多人已将注意力转移到了联合国千年发展目标（MDGs）之上，即全民教育（职业技术教育和培训国家政策蓝图，2009 年）。

该政策的实施有两个明确的目标。一是有助于劳动人口提高他们的职业技能，增加就业的机会，并能够获得体面的收入。职业技术教育和培训应有助于增加就业机会并促进可持续减贫战略的实施。二是有助于企业通过提高员工的专业技能，来提高产品和服务的质量、提高创新和竞争力的潜力，从生存逻辑转向增长逻辑。因此，职业技术教育和培训应该参与到国民经济的振兴中来。该政策如今仍在实行中。

（2）2008 年教育政策文件。

布基纳法索国民教育部和全国代表大会通过教育体制改革和制定《新教育导向法》，一方面，使得国家层面对目前教育系统的目的和目标达成共识；另一方面，确定了该行业在未来 8 年内将受到优先考虑（2008—2015）。

2008 年 11 月 3 日发布的教育政策规定："职业技术教育和培训旨在促进人力资源的发展，助力布基纳法索成为一个新兴国家，在所有行业中拥有合格、充足和可用的专业知识，从而刺激国家的经济潜力。"

布基纳法索通过 7 种途径来促进职业技术教育和培训：一是有效落实国家职业技术教育和培训政策；二是在各省和地区建立技术学校（高职和中职）及职业培训中心，重点是农业和工业领域；三是建立有效的初次和继续培训系统（在技术和教学方面）；四是为公司专业人员提供在职培训；五是提供双轨制培训的选择；六是升级职业技术教育机构的设备；七是改进分部门的指导与管理，特别是要为负责职业教育的组织机构提供人力和物力资源。

（3）中等教育、高等教育和科学研究政策（2010—2025）。

该政策为职业技术教育和培训确定了三个战略方向。

第一，提高准入和参与度：加强公办、私立职业技术教育与培训机构的建设，通过信息化来提高现有职业技术教育和培训机构的服务水平，在增加设备的同时实现资源共享和多重功能，实现职业技术教育和培训多样化，尤其是在农业和食品工业领域。

第二，提高质量：在小学后教育（布基纳法索基础教育相对落后，部分中学收取学费，故不少人在小学毕业后不再继续学习。布基纳法索有意加强针对该人群的职业技能培训和教育，希望其获得一技之长）和中学教育阶段，优先侧重于教师的培训和监督，根据技能培养方法重新审阅课程，同时考虑各地区的经济社会实际因素。

第三，提高教育系统的外部效率：包括开发符合企业和经济需求的专业课程，鼓励企业和培训机构之间建立伙伴关系。

（4）教育培训部门计划（2017—2030）。

教育培训部门计划（2017—2030）的战略定位是"增加供给，提高教育、高等教育和培训质量，适应经济转型需要"。该计划不是专门针对职业教育和培训提出的，而是将职业教育和培训与其他类别的教育同等对待。

（5）促进手工业发展国家战略。

在布基纳法索，手工业是仅次于农牧业的第二大就业来源，是职业技术培训的最大受益者。学徒培训在该领域得到了高度发展，与职业技术培训一起，为农业和建筑等领域的现代化作出了贡献。因此，手工业者的培训是国家职业技术教育和培训政策的重要组成部分。

（6）私营部门发展国家战略。

正是私营部门为学习者提供了在专业环境中进行初次和继续培训的机会，因此在职业技术教育和培训领域需要大力发挥私营部门的作用。

（7）农村发展战略。

该战略于 2003 年通过。布基纳法索将农村人口的职业技术培训作为影响种植方式演变的一个因素，并由此带来农业的转型。

（五）布基纳法索职业技术教育和培训存在的问题

尽管近年来布基纳法索在职业技术教育和培训领域取得了积极进展，但职业教育的发展仍然困难重重，主要存在以下几个方面的问题。

1. 与普通教育相比，职业技术教育和培训的入学率更低

根据布基纳法索 2009—2010 年的调查统计，布基纳法索 16—64 岁人口中只有约 4.5% 的人有机会接受职业教育。

2. 职业技术教育和培训机构主要集中城市，多半为私立性质

2013—2014 年，布基纳法索的职业技术教育和培训学生人数约为 28 232 人次，其中 69% 在私营部门。绝大多数的学习者（92%）为城市居民，城市地区拥有 85% 的学校。学生以男性为主，占 52%。其中 74% 的学生为中长期学习者，剩余 26% 的学生为短期学习者（小学后阶段）。

3. 职业教育可持续发展困难重重

布基纳法索的职业教育可持续发展问题主要表现在三方面：一是资金不足，无法确保职业教育有效运行并提供设备和材料；二是教学人员数量缺口大，专业素质普遍较低；三是相比普通教育，相关部门对职业教育的重视程度明显不足。

4. 职业教育的国际合作有待加强

多年来，卢森堡、瑞士、法国和一些非政府组织在对布基纳法索职业教

育国际援助方面已经投入了数十亿西非法郎，但由于多种原因，成效并不明显，国际合作资金没有发挥应有的作用。

5. 职业技术教育和培训更重理论而非实操

职业技术教育和培训体系的执行缺乏与劳动力市场的有效联系，这种情况导致年轻毕业生大量失业。

CAP或BEP两种职业资格证书的持有者继续学习的趋势明显，被年轻毕业生视为失败标志的自主创业基本不存在。同时，布基纳法索的职业技术教育和培训不同于普通国民教育，其管理归属青职部。这种教育管理权的分属，限制了其透明度，并不利于总体一致性。此外，没有任何有效的机构和组织框架可以更好地促进培训与就业联系。由于初次培训的财政资源极为有限（教育预算的2%用于职业技术教育和培训），加上企业缴纳的继续教育税缺乏管理机制，使得职业技术教育和培训体系面临着更加严重的问题。

第二章

中布职业教育合作项目概述

一、"楚怡"职教的发展沿革

（一）"楚怡"职教创办的背景

近代湖南职业教育起步较晚。据《湖南省志·教育志》记载，清末民初时期，湖南的近代工业才初步发展起来。随着工业的不断发展，湖南对各领域专业技能人才的需求日益增强。基于当时湖南经济发展水平和物产情况，培养专业技能人才，成为教育急需解决的问题，这就为湖南教育尤其是职业教育的发展提出了明确的要求。在此背景下，著名教育学家陈润霖创办了楚怡初等工业学堂（以下简称"楚工"）。自创办以来，楚工根据不同阶段的时代特点与经济发展水平，先后设有机械、矿冶、土木等专业。

鸦片战争打开了近代中国的大门，伴随着新事物、新思想的涌入，中国教育也走上了近代化之路。萌芽于清末实业教育的职业教育，对传统的"重举业轻经世"之风气加以抨击，提倡教育为兴国保邦之用。1842 年，湖南人魏源响亮地喊出"师夷长技以制夷"的口号，点燃了民众"以技报国"的雄心壮志。随后湖南的实业教育开始起步，1866 年，时任闽浙总督的湖南人左宗棠在兴建马尾造船厂的同时，创办了求是堂艺局，这也成为近代中国职业教育的起点。1901 年，清朝政府自上而下实行"新政"，湖南的各级各类教育得到较大发展，尤以实业教育最为突出。1902 年，湖南绅士汤聘珍、王先谦等人呈请开办农务工艺学堂，以利民生，得到了批复和支持，这也标志着湖南成规模的近代职业教育正式拉开帷幕。同年，23 岁的陈润霖作为湖南省第一批公派留学生赴日本学习。因为成绩优异，陈润霖在结业时得到校长亲自接见，当校长询问他的志向时，他答道："归国后不愿为官，愿以兴办教育为己任。"1905 年，陈润霖回国后便言出即行，立即投身基础教育实践。陈润霖认为："初等教育，实属国民根本。"1906 年，陈润霖创办楚怡小学（初、高两等小学），1909 年又筹办楚工，这在当时的中国教育界独树一帜。1912 年，时任教育总长蔡元培提出实利主义教育方针，把实业教育列入国民教育系统。1922 年，北洋政府确立"职业教育"的名称，实业学校随之更名为职业学校。自此，中国近代职业教育制度正式形成。陈润霖创办楚工要比北洋政府确立"职业教育"的名称早了 13 年。陈润霖与他创办的楚工，堪称中国职业教育的一代先驱。陈润霖从提出"教育救国"到投身"实业报国"，创办了楚工、楚怡中学、楚怡小学、楚怡幼稚园，形成了楚怡"三校一园"的完整体制。

然而，无论是从思想上还是经济上，那时的中国都落后世界先进水平太远、太久了。黄炎培在其 1917 年发表的《中华职业教育社宣言书》中喟叹：论学科划分，"德国一职业学校，分科至三百多种"；论办学成果，在美国的实业学校里，从房屋、家具到鞋服、食物，无一不是出自学生之手。彼时，中国共有近 9 万所学校，而实业学校仅 400 余所，占比不足 0.5%；300 万在校学生中，实业学校学生只占 1.1%。有的实业学校里所谓的"新式教育"，只是穿新鞋走老路，不顾国情和实际需求，照搬西方教学模式，学生毕业后基本找不到对口的工作。实业教育甚至被时人讥讽为"失业教育"。

基于此国情，如何办出时代真正需要的新教育？陈润霖做出了大胆尝试。1912 年，陈润霖扩大楚工办学规模，并非常重视教师的选聘。楚工的教师一般都毕业于国内外高等院校，还有一些是业界知名的工程师、专家，汇集了谢觉哉、周凤九、吴伟常、丁壮猷、匡互生、成希文等专业教授、工程师，还有李百葵、张煦秋、邓涤邦、洪幼村等基础课名师。

陈润霖还明确提出，"宜聘任有实际经验者"，认为其在授课时不仅能传授知识，更能加入经验之谈，"则学生自感兴趣"。之后，楚工逐步确立起以机械科、矿冶科和土木科三大重点科目并举的办学方向。自此，湖南的职业教育迅速发展，在20世纪三四十年代领先全国。鼎盛时期，"全国职业学校共256所，湖南便占到1/5；在校学生31 897人，湖南占1/6。"

岁月更迭，薪火相传。如今"爱国、求知、创业、兴工"的"楚怡"职教精神仍然引领着职教人在发展中不断创新，"大国工匠"的梦想种子在越来越多职教学子的身上扎根、发芽。楚工自1909年创办以来至今，培养了一批又一批在战争时期和新中国建设时期作出巨大贡献的人才，成为近代职业教育的先行者与翘楚。从校园建设、专业设置，到教学理念、人才培养等方面，楚工都堪称当时职业教育的典范。

（二）"楚怡"职教精神的现代传承

楚工的诞生与发展，与湖湘文化密不可分。湖湘文化是中国文化史上独具特色的地域文化类型，它对中华文化的发展作出了重大贡献。湖湘文化精神，主要表现为心忧天下的爱国主义精神、经世致用的求真务实精神、博采众长的包容开放精神、敢为人先的开拓进取精神。

进入新时代，职业教育肩负着"培养担当民族复兴大任的时代新人"的重任，"楚怡"职教精神作为湖南职教人最宝贵的精神财富，我们不仅要挖掘好、凝炼好、传承好，更要用"楚怡"职教精神擦亮职业教育湖湘品牌。

1. 厚植爱国情怀，筑牢新时代职业教育精神根基

"楚怡"职教精神的核心是爱国。任楚工校长的37年中，陈润霖高度重视爱国主义思想教育，积极带领师生参加反对帝国主义和军阀压迫的革命活动，他自己更是历经曲折依然不改办学初衷。这些举动的背后，是陈润霖的一颗拳拳爱国之心。1938年，为躲避战乱，楚工全体师生从长沙迁往新化，

其后，长沙校园在"文夕大火"中化为灰烬。新化校区历时一年初步建成。抗战胜利后，百废待兴，陈润霖不顾年迈体衰，筹划将学校从新化迁回长沙，途中不幸殁于舟次。回顾陈润霖筚路蓝缕的办校历程，变更的是办学地点，不变的是时刻以挽救民族危亡为念的爱国情怀。

党的十八大以来，以习近平同志为核心的党中央对职业教育工作高度重视，湖南职业教育事业也进入蓬勃发展时期。发展新时代的职业教育精神，就得时刻把握政治观、人民观、大局观，用理想信念培育人。广大职教人应当坚定使命担当，将党的召唤、国家的需要放在首位，始终与国家同呼同吸，始终与党同向同行。要抓住立德树人的根本任务，上好"八个相统一"的思想政治教育课，构建阳光德育体系。在"拔节孕穗"的关键时期，拧紧学生世界观、人生观、价值观形成的"总开关"，为社会主义建设输送更多德才兼备的生力军、接班人。

2. 力推求知学风，锚定新时代职业教育前进方向

"楚怡"职教精神的学风是求知。陈润霖主张教育要为生产建设服务，与生产实际结合。办学期间，楚工坚持"为干而学，从干中学"的方针，让学生走出教室，走向工厂、矿山，在实践中培养学生解决问题的能力。楚工学子在学校求的"知"，学的"识"，不是八股文章、空虚之理，而是求真务实、学以致用的科学态度和学习理念。这既是湖湘文化经世致用、心忧天下的行动外化，又与新时代职业教育产教融合、共生共荣的需求高度相契。

2021 年是"十四五"规划开局之年，"职教 20 条"和《职业教育提质培优行动计划（2020—2023 年）》等多项重大历史任务在此时交会。广大职教人应当带着更开放的视野，迈出更坚实的步伐，把握机遇，奔向未来。

首先，聚焦区域发展，走特色发展之路。作为内陆省份，湖南经济开放性不足，区域发展不均，财政供给能力有限。这就决定了职业教育要立足省情，把有限的资源投入到更多具备造血能力的特色发展上。2020 年 12 月 12

日,《中共湖南省委关于制定湖南省国民经济和社会发展第十四个五年规划和二〇三五年远景目标的建议》(以下简称《建议》)正式公布。《建议》提出,推动区域协调发展,构建"一核两副三带四区"区域经济格局。职业院校要立足新的经济发展格局,助力湖南承接产业梯度转移,发挥职业教育承东启西、连接南北的支撑作用,整合区域内的职业教育资源、产业发展资源,构建新时代湖南职业教育标准体系,进一步形成"一校一品"发展格局,真正打造一批有鲜明湖湘特色、全国一流、具有一定国际影响力的品牌专业和专业群。

其次,聚焦提质创优,走内涵发展之路。要持续推动职业教育"三教"改革,推出系列优质课程,开发系列地方特色教材、校本教材,并利用云计算、大数据、物联网、人工智能等新型技术,推进线上线下相结合的混合式教学改革;要突破产教融合瓶颈,培育一批产教融合城市和企业,打造一批产教融合平台,切实构建产教共生共荣的发展格局;要深化职普融通,探索具有中国特色的高层次学徒制。

3. 深耕创业版图,拱卫新时代职业教育发展全局

"楚怡"职教精神的动能是创业。1902 年,湖南绅士汤聘珍等设立湖南农务工艺学堂,开创了湖南正规实业教育的先河。楚工继往开来,志于革新,新建西式教学楼,分设机械、矿冶、土木三科,并设有实习场地,走出了湖南工业教育的第一步。国破家亡之际,楚工全体师生几经辗转,始终坚守"精勤诚朴"的校训,在一片片新土地上艰苦奋斗,一次次实现了创业、发展和超越。

职业教育在教育改革创新和经济社会发展中处于突出位置,肩负着培养多样化人才、传承技术技能、促进就业创业的重要职责。教育部原党组书记、部长陈宝生在 2020 年职业教育活动周全国启动仪式上强调,要使职业教育成为经济活动的内生变量,成为构成产业链、产品链、供应链、资金链、信息

链的"砖瓦"和基本要素，走好长远发展之路。广大职业院校师生要心怀创新创业意识，在新时代实现更高的人生价值。

第一，深化创新创业教育改革，为产业变革提供人才支撑。新一轮科技革命的新技术、新思潮，不断催生产业变革的新业态、新模式，迫切需要职业院校培养更多知识型、复合型、创新型、专业型技术技能人才。职业教育领域要深入开展创新创业教学，拥抱经济社会结构调整，以技术迭代更新倒逼人才培养机制全面升级。要继续开展"智慧校园"建设，优化学科布局和研发布局，落实教育课堂革命，创新教学方法研究，推广项目教学、实践教学、模块化教学等具有自身特点的教学模式，推动企业工程技术人员和职业院校教师双向流动。同时，切实做好"六稳""六保"工作，为退役军人、下岗失业人员和新型农民等不同社会群体，提供多种入学方式和学习方式。

第二，深入创新创业科学研究，为关键领域提供技术支持。在2020年12月召开的中央经济工作会议上，增强产业链供应链自主可控能力被列为2021年经济工作八项重点任务之一。中共湖南省委第十一届委员会第十二次全体会议同时指出，要以创新型省份建设为总揽，加快创新链、产业链、人才链、政策链、资金链、服务链深度融合。湖南职业教育要以更加主动的姿态参与进来，坚持以创新为第一动力，推进学科交叉融合，加快科技成果转化。要瞄准人工智能、量子信息、集成电路、生命健康等前沿领域，加速核心技术攻关，协力解决关键领域"卡脖子"问题，提高创新链整体效能，打造具有核心竞争力的科技创新高地。

4. 勇担复兴重任，铸造新时代职业教育湖湘品牌

"楚怡"职教精神的使命是兴工。楚工创办之初，国弱民贫，实业亟待振兴。在提倡教育救国的同时，陈润霖还将目光投向了工业救国的领域，将办学的愿景往更远处延伸。随着小学规模日渐壮大，师资力量益发雄厚，楚工

为国家培养了大批工业人才，也为湖南近代机械工业发展和路桥建设打下了一定的基础。

聚焦当前，"三大攻坚战"取得了决定性成就，全面建设社会主义现代化国家的新征程业已开启。对照习近平总书记对湖南提出的"三高四新"要求，立足湖南、放眼内陆，胸怀全国、走向世界，湖南职业教育大有可为，也须大有作为。

第一，铸就智造湘军，提升技能人才的供给能力。当前，湖南正在全力打造国家重要先进制造业高地，湖南职业教育要紧跟步伐，主动围绕产业基础高级化、产业链现代化进行人才培养升级，积极对接具有全球影响力的工程机械、轨道交通和智能终端等产业发展基地及20条新兴优势产业链，不断增强工程机械、先进轨道交通装备、航空航天、新一代信息技术、新材料等优势产业技术技能人才的供给能力。

第二，服务"一带一路"，讲好对外开放的湖南职业教育故事。当前，湖南的开放平台数量居中部第一，中国－非洲经贸博览会落户湖南，中国（湖南）自由贸易试验区获批，海陆空立体综合交通体系日益完善……多项指标表明，湖南正通过"一带一路"由内陆腹地迈入开放前沿。湖南职业教育要聚焦先进制造业、生物医药、新材料等优势产业，聚焦"一带一路"沿线国家发展需求，不断传播中国文化，输送中国标准，持续推动更多职业院校服务湘企"走出去"，真正发挥"一带一路"内陆腹地战略优势。

（三）"楚怡"职教创办以来的师资与成果

自诞生之日起，楚工便与近代工业发展需求紧密相连。湖南的近代工业发展以矿业最为突出。1911年，湖南省除官办矿场外，还有商办矿场540个。因此，楚工于1915年在全省最早办起矿冶科。1924年，社会急需大量公路测量人员，楚工就增设了测量专修科。

1928 年，楚工顶住全国职业教育退潮的压力，将测量专修科改为土木科。自此，楚工土木科与湖南大学土木系一起，撑起湖南学校培养土木人才的"两条腿"。

在师资力量上，楚工的许多教师既有国外留学背景，又是业界翘楚。如在楚工任教多年的周凤九，毕业于法国巴黎土木建筑学校，同时任湖南省公路局总工程师；机械科的主任丁壮猷毕业于日本东京高等工业学校；钟伯谦、周则岳等教师，同时也是湖南大学的教授。

在教学方式上，楚工特别注重"躬行实践"，提倡"为干而学，从干中学"的办学方针。为了配合教学改革计划的实施，楚工竭力增加教学设备，开辟了各科专门教室和实习工场。如机械科的实习工场就有车床、刨床、铣床等机床 20 多台，还有德国制造的煤气发动机；土木科除有一般的平板仪、水准仪外，另有 3 台进口的精密经纬测量仪器；矿冶科的分析化验室里，各种化学器具、化学药品和矿石标本一应俱全。

楚工的教学成果，不仅满足了本省的需求，还为其他兄弟省份的工程建设提供了援助。1938 年，国民政府迁都重庆，西南地区赶修公路，打通北到苏联、南通缅甸的交通，以获得外援，楚工学生在周凤九老师的带领下，参与了四川的公路建设；1945 年，日本败局已定，西南公路局奉令设立芷江分局，楚工学生积极承担抢修被毁公路的任务。

从 1910 年到 1951 年，楚工毕业生累计 3 000 余名。"求知、爱国、创业、兴工"的使命被一批批走向各行各业的楚工学子用双手书写，用双脚践行：机械科第 31 班的朱镕基先生，1998 年成为国家总理；机械科 35 班的唐仲秋，参加抗美援朝战争，后转战西北荒漠，在戈壁滩上参与研制"两弹一星"，前后达 30 年；机械科 35 班的贺国辉，组织第一代液压支架的研制、定型及系列品种生产，完成矿井主要提升、运输系统等 20 余项重要革新项目，多次获得科技进步奖……不但如此,楚工的办学历史还得以延续、发展、光大。

1951年,楚工与多所职业学校调整合并,成立湖南工业学校。1952年,全国工业学校体制调整,湖南工业学校进行改革重组,其机械、矿冶、土木三科分别合并组建汉口汽车制造学校、长沙有色金属工业学校、中南建筑工程学校,后分别发展融入华中科技大学、中南大学、武汉理工大学。1961年,湖南工业学校组建成为湖南机械工业学校,1999年该校与其他学校合并升格为湖南工业职业技术学院。2020年4月22日,新化县职业中专学校更名挂牌为新化县楚怡工业学校。

围绕打造国家重要先进制造业高地,湖南打造了工程机械、轨道交通、航空航天3个万亿产业集群和10多个千亿产业集群。"十三五"期间,湖南职业院校对接服务本省先进制造业,设置专业点1 781个,占专业点总数的38.4%;招收在校生55.74万人,占在校生总数的39.7%。为了传承楚工的"名师"课堂,突破行业企业科技创新领军人才引进难的瓶颈,湖南鼓励、支持将院士引进职业院校。"十三五"期间,湖南校企累计共建技术研发中心216个、技术创新平台413个,获发明专利482个、攻克关键技术难题985个、研发重要新产品1 617个。其中,2019年,共获得发明专利147项,攻克关键技术难题285项,研发重要新产品443个,技术服务产生的经济效益达13.3亿元。

如今,"楚怡"职教精神已融入职业教育发展的血脉,为湖南经济发展助力。新型生产线、恒温车间、智能制造实训中心……热火朝天的生产景象,"准员工"们忙碌的身影,是湖南职业院校"校中厂"的常态。"学生既是在学习,也是在工作,在校内就能完成从学生、学徒,到准员工、员工的完整转变。"湖南工业职业技术学院党委书记刘建湘说。"以楚工为代表的近代职业教育,发祥自时代的召唤,勃兴于国家的进步。伫立新时代潮头,国家产业转型升级、经济高质量发展呼唤职业教育的再次提升,打造一个适应产业和经济发展需要的现代职业教育模式迫在眉睫，要让更多有志青年成长为能工巧匠、大国工匠，要让职业教育真正成为人才成长的摇篮。"湖南省教育厅职业教育与成人教育处处长崔书芳说。

（四）湖南外贸职业学院派遣专家组，引领"楚怡"职教走出国门

由湖南外贸职业学院（以下简称"湘外院"）牵头，省内5所高职学院、3所中职学校共同参与，充分发挥各学校的办学优势和专业特色，聚合优质资源，抱团"走出去"。按照布方需要，湘外院派遣核心成员11人组成专家组赴布基纳法索开展技术指导，补充捐助机械设备和零配件，协助布方组织全国职业技能大赛等。赴布专家组人员情况见表2-1。结合后期的持续跟踪指导、开展教育合作和双向互派交流等方式，巩固和提升布方专业教学水平，增强布方职业教育各专业与设备技术进步的同步提升能力，巩固和提升布方职业教育管理能力，保证布方在职业教育人才培养、设备操作维护和职业教育管理等方面拥有良好的可持续发展能力。为布方职业教育开发教学标准、课程标准，针对"一带一路"沿线国家特点，制定相应的教学管理制度，为布方基本建立了职业教育教学标准体系。

表2-1 赴布专家组人员情况

主持学校	教学标准开发参与单位	委派专家单位及人数
湖南外贸职业学院	湖南物流职业学院 湖南工业职业技术学院 湘潭市工业贸易中等专科学校 长沙电子工业技术学校	湖南外贸职业学院5人 湘潭市工业贸易中等专科学校1人 中联重科1人

1. 专业能力提升方面

（1）指导布方教师熟练掌握专业教学设备的操作使用和维护。

（2）指导布方教师熟练运用每个专业的教学设备开展专业教学。

（3）帮助和指导布方教师掌握从专业论证、教学大纲设计到教材编写、专业教学、实训指导、职业能力测试和就业指导的全流程专业开发能力。

2. 管理能力提升方面

（1）拓展布方职业教育教师视野，更新教育理念，帮助布方建立较现代化的职业教育管理模式。

（2）指导布方制定和完善切实可行的各专业教学和管理、全国职业技能大赛的各项制度，进一步提升布方职业教育管理软实力。

（3）提高布方建立职业教育技能考评标准的能力和水平。

标准输出初见成效，布基纳法索职业教育稳步发展。2018 年 7 月开始，湘外院承接了布基纳法索职业培训中心技术合作项目。湘外院借鉴中苏职业教育合作项目的成功经验，走访调研了布基纳法索各职业培训中心，形成了布基纳法索职教发展深度行业报告，开发了 20 余万字的智力成果，开展了中国国情知识公开课和专家组风采展活动，指导布方组织举办全国职业技能大赛、全国教师高级培训等。布基纳法索青职部和中国大使馆的表扬信中写道，专家组"展示了中国职教队伍的专业素养和良好形象"。

"勉我少年兮，前途万里今日行。爱自由兮自治，爱独立兮自营。强身强国精神以导何事不可成，共勉为君子兮。"这首由陈润霖亲自作词的楚工校歌，历久弥新。发扬"楚怡"职教精神，就是用好这座职教人共同的精神富矿，把"楚怡"职教精神融入新时代，迈向新征程，谱写建设社会主义现代化强国、实现中华民族伟大复兴的新篇章。

二、中布职业教育合作的意义

（一）"一带一路"倡议下中非职业教育合作的内涵解读

"一带一路"倡议作为中国主动参与国际合作、共同发展的全球公共产品，已然成为推动构建更加紧密的中非命运共同体之发展契机，该倡议下的中非职业教育合作也被赋予了更加丰富的内涵意义。

1. 合作导向：践行"一带一路"教育担当的应然之义

2016 年 7 月，教育部牵头制定了《推进共建"一带一路"教育行动》（以下简称《教育行动》），指出在深化与"一带一路"沿线国家教育合作的过程中，中国愿意在力所能及的范围内肩负更多的责任义务，这体现的是一种教育担当。与此相应，职业教育作为一种重要的教育类型，也肩负着应然的时代使命。尤其是面对教育发展水平相对滞后的大部分非洲国家，中国政府主动展现大国担当，为助力其人力资源开发搭建了多种形式的"顺风车"，主要包括早期成套援非项目及中非技术合作项目实施过程中的各类就地职业培训项目、20 世纪 80 年代开始举办的"请进来"援外培训班，以及合作建设的职业教育与培训机构、各类教学物资等。由此可见，由政府统筹开展的中非职业教育合作，是中国政府通过"授人以渔"帮助非洲国家提升自主可持续发展能力的重要途径，也是"丝绸之路"教育援助计划的应然构成部分。

2. 内生诉求: 推动构建更加紧密的中非职业教育共同体

《教育行动》指出, 要推动与"一带一路"沿线国家教育深度合作、互学互鉴, 提升区域教育影响力, 这体现的是中国对职业教育国际化发展的内生诉求。因此, 中非职业教育合作大有可为。一方面,《非洲地区发展报告 (2015—2016年)》的统计数据显示: 2015年全世界识字率低于60%的22个国家和地区中, 有14个位于撒哈拉以南的非洲地区; 尤其是非洲职业教育和培训的学生数量仅占到中等教育学生总数的6%, 并且多数课程及配套设施已经过时, 与职业岗位的匹配度也不高, 职业教育有较大的发展空间。另一方面, 中国目前已建立起世界上最大的职业教育与培训体系, 为国家和地方产业发展提供了有力的人力资源支撑, 尤其是在城际铁路、轨道交通、电子商务等发展迅猛的行业中, 有70%以上的新增技术技能型人才来自职业院校。因此, 带着职业教育办学方面的相对优势, 一批高职院校开始探索"走进非洲"的有效路径, 包括组织互访交流、开展教育培训、选派教师赴非任教或提供技术指导、开展境外办学项目等, 以携手推动非洲职业教育发展, 构建更加紧密的中非职业教育共同体。

3. 市场逻辑: 为中资企业"走出去"提供人才支撑

作为惠及世界的重大倡议,"一带一路"倡议旨在建立互联互通、互利共赢的深度国际经贸合作平台, 体现的是一种紧贴市场、服务市场的发展逻辑。其中, 非洲国家是中资企业"走出去"的重要方向。自2009年开始, 中国已连续8年保持为非洲最大的贸易伙伴国。仅2016年, 中国对非直接投资就已高达24亿美元, 并与埃塞俄比亚、埃及等9个非洲国家建立了产能合作协调机制。中国"走出去"企业涉及轨道交通、建筑、采矿、金融等多个领域, 尤其是大部分劳动密集型产业, 在走进非洲的过程中, 也相应产生了数量庞大的工作岗位。据统计, 中国国内制造业每减少10%的就业, 就将直接带动海

外增长 850 万的就业人口，几乎可以使撒哈拉沙漠以南非洲国家的就业人数
翻一番。但是，与发达国家不同的是，大部分非洲国家的职业教育发展水平
不高，很难培养出合格的职业技术人才，而"走出去"企业从中国国内引进人
才也不具备经济效益和可持续性。因此，一些"走出去"企业在自主开展职业
培训的同时，开始探索联合中国国内职业院校在当地开展职业培训，逐步形
成企业推动型中非职业教育合作新形式。

（二）共建当地"楚怡"职业教育品牌

1. 打造"楚怡"职教品牌

"楚怡"是百年前就已形成的中国职教品牌，是湘式职教的发源和先驱，
传承"楚怡"职教精神，扩大"楚怡"职教品牌国际影响力，是湖南职教界当
仁不让的责任和义务。

2016 年 4 月，中共中央办公厅、国务院办公厅印发了《关于做好新时期
教育对外开放工作的若干意见》，2016 年 7 月，教育部印发了《教育行动》，
这为我国教育"走出去"，构建教育命运共同体，服务国家"一带一路"倡议
提供了方向和指南。在"一带一路"版图中，非洲因其独特的历史、社会、经
济和文化维度，经济发展、减贫和青年就业等问题突出，职业教育市场需求
很大。湖南职教深耕非洲面临着重大的机遇，如何推动"楚怡"职教面向非洲
"走出去"，提高"楚怡"职教在非洲的影响力，成为摆在湖南职教人面前的
重大课题。

2. 中布职业教育合作研究的必要性和可行性

（1）中布职业教育合作的必要性。

第一，践行《教育行动》，推动"楚怡"职教面向非洲"走出去"。中布职
业教育合作不仅能提升布基纳法索的职业教育发展水平，促进当地经济快速

发展，还能推动"楚怡"职教走出国门，走向世界。布基纳法索的整体经济发展还处于起步期，社会发展对职业培训人才的需求强劲，加快发展现代职业教育势在必行。中布职业教育合作项目将大幅度提升布基纳法索的职业教育理念、师资建设、教学能力和教学管理水平，但要适应全球化发展趋势，就必须进一步推进职业教育市场化的建设，以就业市场需求为导向，帮助布基纳法索提升培养适应全球化和信息化要求的技术技能型人才的水平，以促进布基纳法索经济社会的发展。

第二，顺应国际化趋势，提升布基纳法索职业教育现代化水平。伴随着第四次科学技术革命的发展，为顺应时代需求和社会对高技能人才的要求，现代职业教育必须改变原有落后的方法理念，提升职业培训教师的专业水准和技能水平，建立现代化的职业教育体系。这是整个社会的潮流，也是现代职业教育的发展方向，提升职业教育现代化水平于布基纳法索而言迫在眉睫。

第三，服务"一带一路"倡议，助力中国企业面向非洲"走出去"。习近平主席在 2018 年中非合作论坛北京峰会上提出："中国决定同非洲加强发展经验交流，支持开展经济社会发展规划方面合作；在非洲设立 10 个鲁班工坊，向非洲青年提供职业技能培训；支持设立旨在推动青年创新创业合作的中非创新合作中心；实施头雁计划，为非洲培训 1 000 名精英人才；为非洲提供 5 万个中国政府奖学金名额，为非洲提供 5 万个研修培训名额，邀请 2 000 名非洲青年来华交流。"习近平主席在与到访的布基纳法索总统卡博雷会谈时提出，希望加强双方在人员培训、农业、卫生、能源等领域的合作，实现互利共赢。

第四，提升布基纳法索青年职业素质，推动社会稳定发展。当前布基纳法索人口增长迅猛，特别是青年人口基数庞大，但由于职业教育发展水平落后，青年人的知识水平和职业技能素质普遍不高。从一定意义上来说，教育决定着国家和民族的未来，教育不仅是一个国家和民族最重要最根本的事业，也是迎接激烈国际竞争、促进社会发展的重要基础。因此，发展职业教育，提升布基纳法索青年的职业素质和能力，提高青年的就业率，是维护和推动布基纳法索社会稳定和发展的必然选择。

第五，巩固中布友谊。开展职业教育合作有利于巩固加深中布友谊，强化中国与布基纳法索的外交关系，促进双边职业教育合作，切实提高布基纳法索的职业教育发展水平。

综上，中布职业教育合作项目的实施将有助于巩固中布邦交关系，拓展双方职业教育合作，推动布基纳法索经济发展，具备实施的必要性。

（2）中布职业教育合作的可行性。

经过多年的职业教育培训，湘外院积累了较丰富的职业教育对非国际合作经验，打造了一支职业教育国际合作团队，开展了多项职业教育国际化课题研究，为"楚怡"职教"走出去"的研究和探索提供了坚实的理论和实践支撑。"楚怡"职教的优秀历史传承也为湖南职教在非洲打造国际品牌提供了现实可能。

第一，职业教育在中国经过几十年的发展，形成了一条具有中国特色的发展道路，取得了历史性的跨越和发展。中国有成熟的职教经验和庞大的人力、物资支持优势。

第二，中国的职业教育发展规模居世界首位。2018年，全国有职业院校1.17万所，年招生928.24万人，在校生2 685.54万人，其中，中职学校1.03万所，年招生559.41万人，在校生1 551.84万人，招生和在校生数量分别占高中阶段教育的41.37%、39.47%；高职（专科）院校1 418所，年招生368.83万人，在校生1 133.7万人，招生和在校生数量分别占高等教育的46.63%、40.05%。中国广泛开展各类培训，每年培训上亿人次。中国职业教育已经具备了大规模培养技术技能型人才的能力，为国家经济社会发展提供了不可或缺的人力资源支撑。

第三，中国职业教育特色鲜明。全国组建了56个行业职业教育指导委员会，汇聚各方面专家3 000多人，搭建起行业指导职业教育的组织平台。全国组建 1 400 个职教集团，3 万多家企业参与职业教育，广泛开展订单培养、校中厂、厂中校、现代学徒制等，基本形成产教协同发展和校企共同育人的格局。联合行业企业，相关部门发布了新修订的高职专业目录（包括 770 个专业），410 个高职专业教学标准，230 个中职专业教学标准，136 个职业学校专业（类）顶岗实习标准，30 个职业院校专业实训教学条件建设标准（专业仪器设备装备规范）。

第四，在 2015 年 12 月 3 日至 5 日召开的中非合作论坛约翰内斯堡峰会上，中非双方共同制定并联合发表了《中非合作论坛——约翰内斯堡行动计划（2016—2018）》。在教育和人力资源开发方面，该计划言明："中方将支持非洲国家改造现有的或新建更多的职业技术培训设施，在非洲设立一批区域职业教育中心和若干能力建设学院，在非洲当地培养 20 万名职业和技术人才，提供 4 万个来华培训名额，帮助青年和妇女提高就业技能，增强非洲自我发展能力。"

第五，2018 年 5 月 26 日，中国与布基纳法索正式恢复外交关系。为增进和巩固中布两国双边关系，提高布基纳法索的职业教育和技能培训水平，2018 年 6 月底，由湖南外贸职业学院派出专家组赴布基纳法索开展为期一年的职业培训技术合作。作为中布复交后中国与布基纳法索开展的首个职业教育合作项目，项目实施以来，中方专家组以金亚雷职业培训中心、博博迪乌拉索工业职业培训中心、瓦加杜古职业培训中心为重点，辐射布基纳法索 14 个职业培训中心，现场教学与管理指导、高级培训、职业技能大赛等工作进展顺利，布基纳法索教育质量评价体系正在初步建立，教师实践和理论教学水平初步提高，项目总体取得了很好的成效。

第六，在中国政府的援助下，布基纳法索职业教育在教学及管理水平上实现了快速提升，但由于布基纳法索职业教育底子薄弱，基础较差，现代化职业教育培训体系尚未建立。为了巩固首期技术合作成果，促进布基纳法索职业教育可持续、稳步发展，另外，作为中国首个与布基纳法索职业教育合作的项目，布方想借此机会学习中国优秀的职业教育经验，分享职业教育资源，包括先进的职业教育理念、技术和管理体系，同时也借鉴、学习中国的优秀传统文化，实现中布文化、职业教育领域的友好交流与合作，加深中布友谊。因此，中国需要在首期技术合作项目的基础上，继续以专业群建设为核心，以教材全国规范化建设、示范性教学为基础，通过开展组织布方学员来华培训及现场教师培训，组织全国职业技能大赛，开展校园文化建设、图书馆建设等合作，提升布基纳法索职业教育人才培养质量，帮助布基纳法索初步建成现代化职业教育培训体系，以适应布基纳法索经济社会发展的需求。第一期工作得到了布方青职部、中国驻布基纳法索大使馆的充分肯定，为中布职业培训合作打下了良好的基础。

三、中布职业教育合作的实施

（一）邀请布方人员来中国实习培训

（1）采取"请进来、走出去"的方式开展教育合作和双向互派交流，邀请20名布方人员来华实习7个月（28周）。

（2）实习分三个阶段：知识技能准备阶段（4周）、实施阶段（20周）和回顾总结阶段（4周）。

（3）选派对应专业理论教学的专家和实践操作水平高的专家，选择实训设备设施与布方的教学培训设备相同或相近的实训场地和实训基地，安排布方学员与具有相同或相近专业的职业院校师生交流座谈，让布方学员更多地体验现代职业教育。

（4）实习期间，设置《中国国情及改革开放研究》等课程，邀请相关专家为布方学员介绍中国国情，让学员进一步了解中国，领略中华民族悠久的历史文化，学习先进的专业技能和制造技术。

（5）在实习结束时布方学员进行总结，撰写实习报告，实习单位根据布方学员的实习表现和实习报告出具实习鉴定。

（二）中方专家赴布基纳法索指导工作

（1）商签技术合作方案，为项目实施做好准备。

（2）加强中布双方相互沟通和调研，了解布方的基本状况和需求。

（3）掌握布方的教学设备设施情况，为教学管理做准备。

（4）成立2期项目专家组，组长由熟悉对外合作工作且组织领导能力强的职业教育专家担任，负责赴布人员现场管理工作，适时建立党支部，组织联谊活动，与国内、布方和中国驻布基纳法索大使馆联络等。

（5）按布方要求科学合理选派专家和翻译赴布基纳法索指导。

（6）开展示范教学管理，指导布方提升教学管理能力。

（7）指导布方进行独立自主教学管理。

（8）现场实施鲁班工坊方案。

（9）指导布方开展高级培训和全国职业技能大赛。

（10）构建考核体系，优化教学管理。

（11）指导布方人员初步建设布基纳法索职业教育技能考评体系。

（12）后期跟踪服务，拓宽合作空间。

（三）派遣高级顾问团赴布指导工作

（1）督促项目现场的工作进展情况。

（2）指导全国职业技能大赛的现场工作。

（3）与布方对接下一步工作及下一期项目的工作方案。

（4）组织智力成果研讨会，确定第二期拟形成的智力成果目录。

（5）参加图书馆捐赠仪式。

（6）参加全国职业技能大赛的开幕式和鲁班工坊的挂牌仪式。

（四）组织高级教师培训

（1）中布双方制订培训方案、发布报名公告、教师报名、青职部和教育部遴选、参训人员公示、举办开班仪式、开训、举办结业典礼。

（2）培训地点以中国专家常驻地对口提供技术合作的职业培训中心为主。

（3）参训教师主要来自布方青职部所辖的职业培训中心、教育部所辖的职业高中，以及其他职业学校。参训教师85人，培训时间30天。

（4）培训专业主要有机电一体化、数控与模具、汽车维修、电工、卫生管道、计算机。

（五）组织全国职业技能大赛

（1）中布双方制订全国职业技能大赛方案、拟定比赛框架文件。

（2）布方前期组织全国各职业培训中心开展初赛，选拔优秀选手参加全国比赛。

（3）参赛对象为职业培训中心的学生、职业和技术培训教学单位的学生、大学生和在职人员。

（4）中方专家协助布方做好全国职业技能大赛命题、赛事裁判等工作。

（5）中方协助布方做好全国职业技能大赛开幕及颁奖仪式等工作。

（六）职业教育标准合作开发

（1）初步形成职业教育标准目录。

（2）经过专家审定，中方与布方一起确定职业教育标准目录。

（3）组织专家评审，确定职业教育标准内容。

（4）组织翻译、核对和印刷、海运。

（5）完成职业教育标准移交。

第三章

中布职业教育合作师资建设

陈润霖于 1909 年筹建楚工时，中国正处于内外交困的时期，战乱不断，经济发展程度低下，工业基础薄弱。当时中国的社会现状、经济发展环境较之现在的布基纳法索相差甚远。

布基纳法索自 1960 年独立以来，对其教育体系进行了多次改革，如 1996 年开始的职业教育培训系统改革、2008 年发布的国家职业教育培训政策、2014 年开始实施的职业培训普及战略等。但由于各种原因，很多改革措施难以收到预期效果，有些甚至不得不被摒弃。职业技术教育和培训多半处于自发散漫阶段，质量差、规模小是布基纳法索职业教育的最大特点。

2014 年，布基纳法索开始推行职业培训普及战略及综合行动计划，旨在为不同的社会阶层提供所需的职业技能培训。布基纳法索将职业教育定义为职业技术培训，为了发展和推广职业教育，制定了一系列的职业技术教育和培训政策。

中布职业教育合作项目开展实施期间，中方专家组结合布基纳法索职业教育领域的实际问题总结工作经验，着重从教学管理和实践能力等方面提升和改善布基纳法索职业教育师资队伍水平。中方专家组重点提升布基纳法索职业培训中心教师的综合素质，因为教师是教学过程的主导因素，而教学内容和手段是教学过程的客观因素，直接影响着教学效果。在中方专家组的指导下，布方职业培训中心教师努力提高专业知识水平，认真熟悉并灵活使用中方捐赠的教学设备和用具，进一步提升了职业教育效果。

中方专家组在布基纳法索开展职业教育合作期间注重开展示范教学管理，指导布方进行教学管理。中方专家组引导布基纳法索职业教育主管部门从顶层开展设计，指导全国 14 所职业培训中心按照专业培养目标的要求设计开展各专业教学活动，并对教学过程的各个阶段和环节进行质量控制，提高了布方职业培训中心的教学质量和教学效果。

一、建立中布职业教育合作项目师资库，强化布方师资教学能力

为保障中布职业教育合作项目的高质量实施，湘外院采取"双团队"的措施，组建了"现场专家和国内专家两个团队"协调推进项目实施，也为强化布方职业培训中心教师的教学能力提供了强有力的支持。职业教育质量的高低取决于师资水平，教师的素质直接影响职业教育成效。为更好地帮助布基纳法索发展职业教育，中布职业教育合作项目开展实施期间，中方专家组通过构建师资库来改善和强化布基纳法索职业教育教师的理论教学能力。中方专家组在湖南省商务厅和湖南省教育厅的指导支持下，在赴布基纳法索开展中布职业培训中心技术合作项目前期即组建了中布职业教育合作项目专家师资库。中布职业教育合作项目师资库以"双师型教学团队"为总目标，以"名师领衔、具有现代职教理念、专兼结合、结构合理、教学水平高和实践能力强"等要求为纲领，由湖南省多家职业院校选拔的专家教师组建。

（一）搭建中布职业教育合作项目师资共享平台

中布职业教育合作项目师资共享平台的建设目标，是打造一支师德师风优良、德才兼备、结构合理、专兼结合的"双师型"教学团队。中布职业教育合作项目师资共享平台的建设依托湘外院原有师资建设资源，采用内培外引相结合的师资建设方案，优化教学团队，构建以学校领军人才、专业带头人及名师作为带头人，以学校教师及行业专家作为骨干的核心教师队伍，注重师德及教学能力培养。中布职业教育合作项目团队从湖南省各高职院校、企

业选拔汽车维修、电工、计算机、机电一体化、卫生管道和数控与模具6个专业的职教专家赴布基纳法索开展合作项目。专家组有高级职称2人、中级职称5人，均为专业带头人或企业岗位能手，具有丰富的理论和实践经验。

中布职业教育合作项目师资共享平台的建立，为项目的开展提供了强有力的理论和智力支持。通过项目师资库建立了有效的教学信息化共享平台，项目现场专家可以将在布期间出现的教学管理方面的问题和困难通过信息共享平台获得国内专家的帮助。同时，也可以将布方师生在教学、学习过程中遇到的困难和需求通过信息共享平台得到国内专家的解决方案。中布双方教师还可以通过信息共享平台交流教学方案、学生培养方案、教学课程设计和教学管理方面的经验。搭建师资共享平台，可以促进中国先进的教育理念和教学方式方法在布基纳法索落地生根，帮助布基纳法索职业培训中心的学生获得一技之长，更好地就业创业。

（二）共享中布职业教育合作项目师资资源

中布职业教育合作项目师资资源共享以"信息化教学助推布基纳法索职业教育的综合实力均衡发展"为目标，进一步优化中布职业教育合作项目师资资源的软硬件环境，建立资源共建共享的工作机制，调动中布双方教师运用共享的师资资源开展教育教学工作。共商共建适合布基纳法索职业教育需求的师资资源共享体系，并通过信息化的师资共享平台助力布基纳法索职业培训中心教师提升教学能力、改善教学方法。

共享中布职业教育合作项目师资资源可以进一步优化整合布基纳法索职业培训中心师资资源。布基纳法索共有14所职业培训中心，师资资源主要集中在首都瓦加杜古。布基纳法索在师资培训方面没办法像中国一样分级、分层、分类别地开展各类培训。布基纳法索职业教育师资培训资源分布极度不均衡、优质师资匮乏、师资培训力量薄弱。布基纳法索职业培训中心很多专业教师自毕业后就未参加过系统的再教育和培训。中布职业教育合作项目利用信息技术手段，借力湖南省职教先进理念构建的师资共享平台，可以优化布基纳法索培训师资资源，实现中布两国优质师资资源共享，适应布基纳法索职业教育师资资源的增长需求，促进布基纳法索师资资源均衡发展，提高布基纳法索职业教育师资资源的整体质量。

共享中布职业教育合作项目师资资源可以有效发挥中布优质师资的作用。中布职业教育合作项目团队具备较高的专业素质和研究能力，教学和培训能力出色。师资资源共享平台不仅可以优化和整合布基纳法索的培训师资资源，也可以为布基纳法索职业培训中心提供培训师资信息咨询服务。此外中布职业教育合作项目专家团队可以通过师资共享平台有针对性地举办专题讲座，也可通过师资共享平台主持或参与网上研讨和答疑等远程交流活动。

共享中布职业教育合作项目师资资源，需要建立师资资源共享管理机制。在中国的职业教育领域，师资资源共享已成为一种常态。师资共享平台应树立全局观念，统一思想认识，按照"资源是前提、机制是核心、技术是手段、共享是目的"的思路进行建设，同时建立中布双方教师共同参与、中布职业教育合作项目国内师资库专家牵头、中布职业教育合作项目现场专家团队组织实施、布基纳法索职业培训中心共同参与的有效管理机制。中布职业教育合作项目师资资源建设应遵循统筹规划、择需择重的原则，突出整合布基纳法索职业教育发展急需的、必需的专业开展建设。

共享中布职业教育合作项目师资资源不应简单地把中布双方的优质师资资源进行堆积和分配，而是要建立信息化的师资资源信息库，以师资共享平台为窗口，以布基纳法索职业培训中心的需求为导向，优化整合师资资源，为中布职业教育合作项目开展实施提供支持。

（三）企业资源融入中布职业教育合作项目

在中国职业教育发展中，行业企业参与顶层设计，推进职业教育校企合作、产教融合，与职业院校共同治理、协同发展、协同育人。

行业企业在中国职业教育中扮演了三重角色。一是指导者。行业企业专家参与组建国家职业教育指导咨询委员会。一些行业企业与职业院校共同制订人才培养方案，指导制订或修订学徒制、"1+X"证书制度，开办职业教育集团，推动校企合作，在教育教学标准制定中融入先进的行业发展趋向，从而体现人才培养的时代性。二是培养者。行业企业深度参与职业教育人才培养工作，参与职业院校师资队伍的专业化建设，构建职业教育校企共建共管"双师型"教师队伍的管理机制，与职业院校共建成为命运共同体。三是评价者。行业企业配合有关部门，通过行业自律，服务于职业教育培训评价组织，并积极参与到职业教育多元主体质量评价体系中。

中布职业教育合作项目在校企合作、产教融合方面丰富的经验和积累可帮助布基纳法索开展可行的校企合作和产教融合。首先，需要布基纳法索从国际层面设计可行的方案和政策。其次，需要布基纳法索从国家层面促进、规范、保障职业学校校企合作，发挥企业在实施职业教育中的重要办学主体作用，推动形成符合布基纳法索基本国情的产教融合、校企合作、工学结合、知行合一的共同育人机制，完善现代职业教育制度。再次，需要协助布基纳法索建立校企合作机制。产教融合、校企合作是职业教育的基本办学模式，是办好职业教育的关键所在。如何建立校企合作机制，行业企业如何参与职业教育，这些都是布基纳法索建立校企合作机制急需解决的问题。最后，在布基纳法索的中资企业也是帮助布基纳法索开展产教融合的强力助力。此外，为自己培养本土化的人才，也是在布中资企业的必然需求。

二、组建中布职业教育合作项目团队，提升布方师资实践能力

（一）构建中布职业教育合作项目信息化师资队伍

为更好地开展中布职业教育合作，提升工作效果，更好地帮助布基纳法索职业培训中心提升教师团队的教学实践能力，保障中布职业教育合作成果，在项目开展之初，中方专家组就着手建立信息化教师团队。结合布基纳法索的职业教育的实际情况，首先要做好职业培训中心教师队伍信息化的基本建设，再进一步促进布基纳法索职业教育的发展，才能更好地培养出企业所需的技能技能型人才。

目前，布基纳法索职业培训中心教师信息化的观念相当落后，在应用方面能力不足，这对于中布职业教育合作项目的开展实施非常不利。职业教育教师信息化建设内容多、范围广，信息化可以呈现在教学方面，可以拓展基础教材教学方面的手段，可以丰富教材内容，使得教学过程更加鲜活生动。中方专家组在调研时发现，布基纳法索职业培训中心的教师认为多媒体教学就是信息化课堂。这种片面的认知使得布基纳法索职业教育主管部门在中布职业教育合作过程中过于追求教学设备和硬件，这很不利于中布职业教育合作的开展。

布基纳法索职业教育教师队伍的素质不高，甚至一些培训中心的教师还不会使用现代化的教学工具，在教学资源的获取和处理方面能力不足。少部分职业培训中心在尝试建设信息化教师队伍，但是因为知识结构老化，组建的教师队伍也无法很好地开展信息化教学。以上这些都会导致教师队伍的综

合能力无法提升，也导致教师队伍无法很好地适应信息化教育的发展。

为更好地帮助布基纳法索职业教育师资队伍的建设，中方专家组在布基纳法索开展合作项目期间，有针对性地帮助布基纳法索职业培训中心开展信息化教师队伍的建设。中方专家组在布期间利用中国捐赠的教学设备，在所有教学活动中均采用信息化教学手段，通过示范性教学宣传信息化教学对职业教育的促进作用，以及信息化教师队伍建设在社会和经济中的地位。通过宣传在布基纳法索中资企业的用人需求，让布基纳法索职业培训中心的师生认识到社会企业对人才的需求，学会摒弃过于重视理论知识的观念，让教师明白只有提高自身的信息化水平才能做好学生的榜样，才能帮助学生成长成才，获得更多更贴近社会需求的技能。同时，中布职业教育合作项目还在中国商务部和中国驻布基纳法索大使馆的指导支持下，通过"请进来"的方式，邀请布基纳法索职业培训中心的教师到中国考察学习，到中国的优秀高职院校了解信息化资源平台和培养机制的建设，帮助布基纳法索开展信息化人才队伍的培训。

（二）利用合作项目资源，提升布方教师的课堂教学能力

通过近几年中布职业教育合作项目的开展实施发现，无论是从专业知识与技能，还是从课堂教学技能来看，布基纳法索职业培训中心教师的课堂教学基本能力和实训实操教学能力均存在一些问题。课堂教学能力是教师的基本能力，教学基本能力即能够使课堂教学达到基本效果的能力，它是学科知识（泛指所教科目的内容）与教学方法有机结合的结果。

开展中布职业教育合作项目时发现，布基纳法索各职业培训中心的教师不但缺乏系统的专业知识，在实践技能方面同样存在不足。这就给他们的课堂教学带来了诸多问题，例如，不能把复杂的理论知识用学生能理解的方式进行传授。此外，布基纳法索各职业培训中心教师的课堂教学技能和手段也

有待提升。中方专家组针对这种情况，对布基纳法索各职业培训中心的学生做了调研，他们普遍认为教师的教学观念陈旧、教学方法单一，不能根据职业岗位需求进行教学设计。布基纳法索职业培训中心的教师在课堂教学方面很少有能够从知识、技能、思维、素养等方面引导学生进行深入的思考研究，不能帮助学生构建专业知识之间的联系，同时在课堂教学过程中也缺乏必要的激励手段，没有进行班级环境氛围、班级秩序的构建和管理，在教学过程中没有合理的时间分配，如整个学年理论和实践教学的教学比例，以及单次课堂教学时间的规划管理，都没有做好有效分配和利用。

针对布基纳法索各职业培训中心教师存在的教学能力方面的问题，中方专家组借用国内先进的职教理念，结合布基纳法索职业教育的实际情况，从以下几个方面帮助和引导布方教师提升课堂教学能力：一是要让学生明白职业培训中心的教育核心就是培养学生技能，突出教学的应用性；二是帮助教师理解和体悟职业教育的属性，做到理论与实践一体化，帮助学生积累专业技能，通过理论与实践的联系，提升学生在课堂教学中的学习效率，让理论知识在学生个人能力的形成过程中发挥实质性作用；三是引导学生把理论知识建立在实践实操的过程中，使"做"成为"学"的前提，同时在"做"的基础上充分培养学生的理论学习习惯，使"学"成为"做"的结果。

（三）借用合作项目资源，提升布方教师的课程开发能力

课程开发是每位教师的基本职责，也是教师的常态化工作。教师只有具备了课程开发能力，才能把课程建设到较高的水准。职业教育领域的师资建设同样离不开课程开发能力的建设和提升。

职业教育教师的课程开发能力主要包括三个方面：课程标准制定能力、教材开发能力与教学资源建设能力。课程标准制定能力的重点在于全面、透彻地理解本专业的人才培养目标与课程体系设计的思路，明确其所教课程在

整个课程体系中的地位，整体了解该门课程所涉及的知识体系，尤其是实践知识体系，进而准确把握课程定位与课程内容的选取标准。对于教材开发能力，难点在于如何在课程标准的指导下，对教材内容进行精心选取和开发，并把要编写的教材内容按照特定教材模式进行精心组织，进而用准确、清晰的文字和符号进行表述。对于教学资源建设能力，难点在于根据教学需要明晰要收集的资源库素材，从而在日常的教学与实践中敏锐地发现所需要的素材，并进行持续积累。

中方专家组通过调研发现，布基纳法索职业教育教师几乎不存在课程开发的情况。目前布基纳法索在各专业的职业教育方面没有系统的人才培养方案、标准和教材，教师授课多是根据自身经验简单写出教学规划，而教材方面多是以教师课堂讲授、学生记笔记的形式形成所谓的"教材"。教师对教材没有完整的理念，同时也缺乏整体、宏观的专业知识体系，获取新知识的途径非常少。传授给学生的也多是自己在以往学习时期积累的知识与经验。教师本身的知识结构也多处于理论与实践脱节的状态，即使布基纳法索部分职业培训中心的教师有意识地去编写"教材"，也多是写得非常机械，往往是把理论和实践生硬地组合在一起。且因为自身对于人才培养的理念停留在概念的层次，加之自身文字表述能力不足，使得"教材"中的专业知识晦涩难懂。

职业院校开发课程的依据是职业标准，要按照专业群与产业群对接、课程内容与职业标准对接、教学过程与生产过程对接、毕业证书与职业技能等级证书对接、职业教育与终身学习对接的要求，构建专业或专业群课程体系。

中方专家组针对布基纳法索职业培训中心在课程开发方面的不足，通过以下途径来提升布方教师的课程开发能力。一是共享中布职业教育合作项目师资资源，引导布方职业培训中心构建优秀的师资团队，加强现场交流和培训，以"传、帮、带"的方式引导他们完成人才培养方案和课程标准的制定。二是依托布基纳法索科研机构和行业企业，通过了解行业企业需求更新布方教师的教学理念。三是注重内培。中布职业教育合作项目开展实施期间，通过"高级教师培训"分批次地对布基纳法索职业培训中心的教师进行培训，提升布方教师的知识储备。四是引导布基纳法索对接职业标准开发专业课程体系。五是引导布基纳法索职业培训中心利用校企合作开发课程标准和教材。布基纳法索应与当地企业达成校企合作的共识，共同开发课程标准和教材。这些课程标准与教材需要符合本国企业需要，既要有基础理论知识，也要有专业的实践课程内容。对这些课程内容的设置，需要注意可操作性与实践效果。六是建议布基纳法索在职业教育领域开发线上课程。随着互联网的发展，布基纳法索部分职业培训中心已经具备了开发线上共享课程的条件，推动这些培训中心开发高职线上课程，为布基纳法索青年提供多元选择，也可以缩小布基纳法索职业教育和其他国家职业教育的差距。最后，引导布基纳法索职业培训中心构建好专业或专业群课程体系，对照岗位技能标准和要求，本着"岗位怎么做，课堂就怎么教"的出发点，编制课程标准，开发课程。授课教师根据课程标准所规定的课程性质目的、教学要求和教学方法来组织课堂教学、实训教学和教学考核工作。在提升布方教师课程开发能力的同时，建议他们将信息技术同步融入教育教学，根据产业发展和技术升级，校企合作共建集教学、培训、自主学习、技术服务于一体的专业群共建共享型教学资源库，建立线上线下课程，顺应"互联网＋职业教育"发展需求。

（四）搭建多方参与机制，提升师资队伍的实践教学能力

在国家层面，中方专家组联合布基纳法索职业教育管理部门开展职业教育评估和教学诊断，提出改进措施，在学校状态数据采集平台上形成较为全面的布基纳法索职业教育考核指标，包括毕业生就业率和就业质量，学生职业能力、职业素养、顶岗实习情况，学历证书和职业技能证书的获取率和获取质量及专业教学队伍建设等。通过建立考评体系，促进布基纳法索职业培

训中心教学质量的提升，并以此为导向进行进一步的教学改革，不断推进布基纳法索职业培训中心教学质量和教学水平的提高。

在学校层面，中方专家组引导布基纳法索各职业培训中心建立起相应的人才培养质量保障体系，对学生进行过程评价和结果评价。在人才培养的整个过程中，加强质量保障，确保教育教学的每个环节都能够落实好，确保学生的每项技能培训工作都能做到位。

在社会层面，中方专家组协助布基纳法索各职业培训中心开展多方位的质量监测。一是通过行业企业对毕业生的质量进行监测，关注行业企业的反馈意见，寻找差距，改进教育教学。二是建立监测机制，通过专业化监测手段对布基纳法索各职业培训中心的办学质量进行综合测评，做好诊断和改进工作，切实提升各职业培训中心的办学质量和育人水平。三是面向家长和毕业生开展毕业生满意度调查，了解毕业生工作一段时间后的岗位适应情况，根据毕业生的实际情况，调整人才培养的方式方法。

提升布基纳法索各职业培训中心师资队伍实践教学能力的具体措施如下。

1. 强化政策牵引

发挥政策杠杆作用，强化产业和教育政策牵引，建议布基纳法索政府、行业、企业、学校等多方参与，搭建以企业行业为核心的平台，鼓励在布中资企业与布基纳法索相关职业教育机构合作，探索建立体现产教融合国际合作发展导向的合作体系。引导布基纳法索构建职业教育政策法规专项政策，对职业教育培训学校加大政策扶持和资金支持。定期组织开展职业教育领域教师和管理人员的培训、再学习，提升职业培训中心教师的课堂教学能力和实践教学能力。

2. 健全合作机制

充分发挥学校、行业、企业的积极性和作用，与企业建立合作关系，鼓励企业在学校设立奖学金，使学校获得企业资金支持；还可以考虑校企结合的方式，通过"厂中校，校中厂"模式，将教学与实践结合起来。

随着中国和布基纳法索各领域合作的不断发展和深入，越来越多的中资企业走进布基纳法索，在人力资源开发、技术技能型人才培养和能力建设等方面作出了贡献。中资企业在性质、规模、所属行业、经营方式等方面的差异，决定了其培训当地员工的路径不同，大致可以分为以下两类：一是企业在当地自行开办培训机构，此类培训机构不仅培训企业员工，而且作为实训基地向其所在地区的职业院校开放；二是企业委托职业培训中心对员工进行培训，帮助在布中资企业员工本地化，降低用工成本，提升企业效益。

3. 学徒制在岗培训

这是一种中小型中资企业经常采用的培训路径，具有极强的实用性特征，主要以师傅带徒弟的方式为员工提供技术培训。这种方式不仅可以为企业自身提供强有力的人力资源支撑，而且可以帮助布基纳法索培养更多的技术技能型人才，提升就业质量。

在"授人以鱼不如授人以渔"的发展理念指引下，中方专家组同布基纳法索一起积极探索、努力实践，强化对布方师资方面的培养。中布职业教育合作项目第一期实施期间，举办了第一届布基纳法索全国高级教师培训，在布基纳法索瓦加杜古职业培训中心和博博迪乌拉索工业职业培训中心设立2个培训点，培训布方职业教育教师60人，涉及汽车维修、卫生管道、电工、计算机、机电一体化和数控与模具6个专业。在开展培训的同时，定期组织中方专家与布方教师共同研讨职业培训中心的发展方向和模式、职业教育的专业设置和课程开发、布方职业教育的发展思路及职业培训中心的运营管理模式。通过一系列培训，提升了布基纳法索各职业培训中心教师的专业素养和实践教学能力。

中方专家组为确保中布职业教育合作项目的教学质量，更好地提升布方教师的实践教学能力，在选派教师方面，优先选择具有一定留学背景、外语较为流利的专业人士作为授课教师，以实现教学方式的多元化，同时加强教师与学员的沟通与交流，增强培训效果。中方专家组为提升服务工作水平，建立了专业化、固定化的专家成员队伍，经常性地开展实践、实操知识的培训，提高了布方教师的教育教学和实操教学能力。

三、开展教师队伍双向交流，
提升布方师资教育管理水平

2018年5月，中国与布基纳法索恢复外交关系后，中国政府第一时间就向布基纳法索派遣了7人的专家团队，赴布基纳法索开展职业教育的技术合作，合作项目由湘外院承办，在提升布基纳法索职业教育师资建设、师资管理、教育教学能力等方面开展职业教育合作。

（一）邀请布方管理人员来华考察，了解"楚怡"职教理念

大力发展职业教育是很多非洲国家发展本国教育的重点，布基纳法索也不例外。随着经济的发展和工业化进程的加快，布基纳法索急需大批的职业性、应用性、技术性人才。作为工业基础比较雄厚的发展中国家，中国自身的职业教育发展历程和职业技术水平比较适合布基纳法索和多数非洲国家的经济发展需求。为更好地提升布基纳法索在职业教育管理方面的能力，项目团队以"请进来"的方式，通过邀请布方职业培训中心管理人员来华考察学习，增加双方在职业教育师资建设方面的交流，通过现场体验的方式，让布

方职业教育管理人员了解"楚怡"职教理念，为布基纳法索职业教育师资建设奠定了坚实基础。

在邀请布基纳法索职业教育管理人员来华考察学习期间，项目团队在开设专业课程的同时，还开设了《世界职业教育发展趋势》《现代职业教育理念》《现当代职业教育比较》和《中国职业教育发展的现状和成就》等职业教育领域的课程，让布方职业教育管理人员和教师学习中国先进的职业教育管理和教学经验，同时初步了解和掌握中国较先进的职业教育教学方法和手段。

考察学习期间，项目团队还多次与来华考察学习的布基纳法索职业教育管理人员和教师以讲座、研讨、合作研究等形式，交流职业教育管理经验，介绍中国职业教育师资建设方面先进的做法和模式。还邀请国内知名职业教育专家为布方职业教育管理人员和教师进行职业教育的"问诊把脉"，给出布基纳法索职业教育师资建设方面的评价和师资教育管理体系建议的意见和建议，以促进布基纳法索职业教育师资教育管理体系的完备和水平的提升。

中方专家组在布基纳法索开展职业教育技术合作期间，积极开展现场示范性教学，组织教师开展教学交流，提升了布基纳法索职业培训中心教师的教学管理水平。自2018年5月中国与布基纳法索恢复外交关系，至2019年底，布方共计组织了64人赴华参加各类考察培训，见表3-1。通过多渠道的来华考察学习，可以让布基纳法索职业教育管理人员和教师多角度、全方位地了解中国的职业教育效果和成绩。

自2020年起，因全球新冠肺炎疫情的扩散风险，中国商务部暂停了所有赴华的考察培训工作。

表3-1　布基纳法索职业教育管理人员和教师赴华培训情况统计表

序号	地点	培训班名称	人数/人	培训时间
1	长沙	布基纳法索职业培训中心赴华实习实训	20	2018年12月—2019年7月

序号	地点	培训班名称	人数/人	培训时间
2	北京	中国援外知识培训	5	2019 年 5 月
3	长沙	2019 年"一带一路"国家职业技能培训班	10	2019 年 5 月
4	福建	2019 年非洲法语国家青年创业研修班	4	2019 年 7 月
5	宁波	2019 年布基纳法索职业教育培训研修班	25	2019 年 11 月
		合计	64	

（二）邀请布方学员来华实训，认识"楚怡"职教管理体系

为更好地提升布基纳法索职业教育师资建设水平。项目团队不但邀请布方职业教育管理人员来华考察学习，还邀请了 40 名布方人员来华实习 7 个月，让布方学员通过在岗实习，认识"楚怡"职教管理体系和教育效果。

布方人员来华实习期间，开设了《中国国情及改革开放研究》等课程，通过邀请相关专家为布方学员介绍中国国情，让布方学员进一步了解中国。组织布方学员参观中国名胜古迹、大型企业、先进职业教育基地，让布方学员领略中华民族悠久的历史文化，开拓视野，更新观念，学习先进的专业技能和制造技术。

布方来华实习学员分两组安排在湖南劳动人事职业学院开展了为期 7 个月的实习培训，项目团队向两个派驻点派遣了 2 名管理人员和 6 名翻译人员指导实习培训工作。

项目团队遵循紧密结合实习培训主题、有效完成培训内容的原则，均衡安排课堂教学、案例教学、现场实操、实地参观等，注重布方学员与授课教

师互动，未安排与培训主题无关的课程与考察。

项目团队将专业技术培训班课堂教学、现场教学有机结合，研修时间（包括理论教学、专业实习、专业实践和考察时间）按每个工作日6到8小时安排。理论教学时间占项目时间的20％，专业实习、专业实践和考察时间占项目时间的60％，文化体验等占项目时间的20％。

为使布方学员更全面地掌握专业技能，项目团队安排布方学员到国内相关企业参观考察。项目实施期间，法定节假日安排布方学员参观、游览，丰富学员在华生活，体验中华传统文化，以进一步扩大中国形象在布方来华实训学员中的影响力和知名度，为中布两国的民心相通、相互了解提供助力。

为全面保证和检验实习培训效果，项目团队根据布基纳法索学员的实际情况，采用理论考试与实操考核相结合的方式在研修班结束前对布方学员进行考核。依据布方来华实习培训人员的实际情况，成立考核工作领导小组，负责培训班考核领导工作。

由中布职业教育合作项目国内培训项目负责人和授课专家组成学员考核工作小组，负责考题命制、组织理论考试和实践考核，给出学员考核等级。理论考试以在华期间学习的各项专业理论知识为主，侧重了解学员理论知识的掌握水平。实践考核侧重了解来华学员的动手能力和解决问题的能力。通过理论和实践测评，布方所有学员均能较好地通过测试。同时，为更好地给予来华实训学员综合性评价，项目团队还依据学员的人员结构情况设置培训实习考核等级方案。考核采用100分制对学员从考勤、理论和实践操作三个方面进行考核（表3-2），考核分为四等：90分（含）以上为优秀；80分（含）以上为良好；60分（含）以上为合格；60分以下为不合格。考核合格者获得中国商务部颁发的结业证书。

表3-2　布基纳法索来华培训学员考核评价体系

考核指标	考核人员	考评内容和形式	分值
理论	专业教师	理论考试	30分
实践操作	专业教师	实操考核	60分
出勤	项目主管	培训和活动考勤记录	10分
总分			100分

建立中布职业教育合作项目赴华培训学员考核评价体系，以便于更好地对布方来华学员的实习培训情况提出针对性的改进措施。

（三）互派教师访问交流，提升布基纳法索职业教育管理水平

中布职业教育合作项目开展期间，项目团队不仅通过"请进来"的方式，邀请布方管理人员、优秀学员来华考察实习，让他们现场感受中国职业教育师资建设理念，还通过"走出去"的方式，选派专业教师及管理运营人员赴布基纳法索参与教学管理和专业指导。

中方专家组通过现场指导的方式帮助布基纳法索实现以下目标：指导布方人员对所有设备设施进行安装调试，保证设备设施能运营使用；指导布方人员熟练掌握所有设备和工器具的使用；指导布方教师熟练运用设备设施开展教学，进一步提高布方专业教学能力；协助和指导布方开展高级培训和组织全国职业技能大赛；指导布方教学、职业技能考评和就业指导管理工作，帮助布方建立和掌握较现代的职业教育全过程运营管理体系，具备可持续发展能力；指导布方建立符合布方职业教育国情的现代化师资队伍。

按照专业匹配、经济合理的原则，根据布方提出的要求，遴选职业教育

专家和专业技术能手组成赴布技术合作工作组，赴布基纳法索进行为期两年的培训教学与职业教育管理指导，以金亚雷职业培训中心、博博迪乌拉索工业职业培训中心、瓦加杜古职业培训中心为重点，帮助布方进行专业教学和管理。

中方专家组组长与布方沟通协商具体方案。在中国驻布基纳法索大使馆和布基纳法索教育主管部门的指导下，中方专家组与布方确定技术合作方案，并商签实施计划协议。

加强与布基纳法索青职部、各职业培训中心、当地企业及在布中资企业的沟通交流，了解布方职业教育的现状及各方面的需求，为开展针对性强、持续有效的培训和专业指导做准备。

中方专家组赴布后，尽快熟悉当地教学设备器具情况，对布方设备设施进行盘点统计，认真搜集好布方需求的原材料、零配件等的品牌、规格、型号等信息。为设备更新维护做好准备，同时确保设施设备满足教学需求。

在满足布方需求的基础上，中方专家组指导布方人员学习和使用设备器材，以及设备设施的维修保养工作。在全面熟悉和掌握情况后，中方专家组开展示范性教学，并参与职业培训中心的管理运行，以帮助布方提升管理和教学水平。专家组通过定期评价考核布方人员对知识的掌握程度，及时调整优化中方管理和教学方案，巩固工作成果。结合实际情况，有的放矢地建设重点专业，提升专业技能水平和能力。同时，借鉴中国职业教育专业技能考评体系，帮助布方初步建立职业教育技能考评标准。

项目团队在指导性教学与管理结束后，将继续跟踪并为布方提供咨询服务，帮助布方持续提升教学与科学管理水平，保持沟通合作，增进两国友谊。

四、借鉴"楚怡"职教内涵特色，提升布方师资队伍建设能力

职业教育是教育的一个重要组成部分，本质上属于技术应用型教育。职业教育强调培养应用型、管理型和高级技术型人才，职业教育的本质特征是职业性而非学科性。职业教育是对学生进行某种职业生产和管理教育，以提高职业技术水平为目的，以社会的职业需要和学生的职业适应性为取向，以生产、管理、经营、服务第一线等职业岗位需要来组织教学，注重学生的职业意识、职业理想、职业道德、职业知识和职业能力的培养。在合作推进布基纳法索职业教育发展的进程中，中方致力于将中国职业教育的经验带到布基纳法索，让中布职业教育合作中制定的标准、体系、方式方法扎根布基纳法索，进一步提升布基纳法索职业教育师资队伍的建设能力。

（一）完善职业教育评价体系，发现师资队伍建设问题

教育评价体系的构建是一项系统工程。对职业教育技能进行评价，可以了解教学、实践等各方面的情况，从而判断职业教育的质量和水平、成效和缺陷。同时，教育评价对教师和学生具有监督和强化作用，可以反映出教师的教学效果和学生的掌握程度，有效推动教学发展。一般来说，一个较为完整的评价体系应该包含评价主体、评价对象、评价目的、评价内容、评价标准、评价方法及相应的评价结果运用等要素。评价主体、评价对象、评价内容、评价方法是构成评价体系的四个基本内容，具体回答谁来评价、评价谁、评价什么、用什么方法来评价的问题。职业教育评价作为职业教育管理过程

中必不可少的环节，要进一步厘清不同评价主体所享有的评价权利和需要履行的义务，不同评价对象的责任和可采取的评价方法。

教育评价体系包括外部评价和内部评价。

从内部评价看，职业院校的教师和学生既是学校的管理与教育对象，又是学校教育实践活动的两大利益主体，学校内部教育、教学和管理工作状况和水平高低，教师和学生是直接评判者。因此，教师和学生是评价学校的主体。反过来，学校是管理组织，直接负责对教师的教育教学情况进行评价；而教师有责任对学生的学习情况进行评判，学生也有权力对学校和教师进行评价，这种评价除了各种类型的学生评教以外，还可以参与教育质量、学生管理、学习环境和学生服务等方面的评价。因此，学校、教师、学生会因为评价目的与评价内容的不同，产生不同的评价结果。当然，学生家长作为职业教育的间接消费者和学生的直接监护人，也可以参与评价学校人才培养的整个过程，但在具体方式上，学校是通过学生邀请家长代表来参与评价的。

从外部评价看，学校受国家和社会委托，担负着技术技能型人才培养的任务，学校培养的学生最终是要走向社会的，是否适应社会需求，是否符合用人单位的岗位要求，用人单位有直接感受，政府和用人单位可以运用相应的评价方法对职业院校进行评价。因此，政府、用人单位是评价学校的主体。反过来，学校作为政府、用人单位和社会的服务对象，对用人单位、社会服务职业教育情况和同级或下级政府履行教育职责的情况也同样拥有评价权利。不仅如此，用人单位是产教融合、校企合作的重要一元，肩负着促进职业教育发展、双元育人的特殊社会责任，也同样应接受政府和学校的评价。

职业教育评价改革还要持续改进评价方式，打破传统的个人本位与社会本位、工具理性与价值理性、手段价值与目的价值的二元对立思维；统筹运用内部评价与外部评价、定性评价与定量评价、过程性评价与结果性评价、个体性评价与团体性评价等评价方法，开展职业教育过程性评价的系统化建构，探索增值性评价的类型化设计，落实结果性评价的高质化改进，完善综合性评价的科学化实施。

（二）提升课堂效果，掌握学生、社会反馈，提升师资队伍建设能力

中方专家组在布基纳法索的课堂教学和实操实训教学都比较注重实际的应用，课堂教学的效果直接反映在学生的身上，学生的实际操作能力直接反映教学的水平。在授课过程中，中方专家组注重课堂的教学氛围，将国内优秀的课堂管理、教学技巧、教学方法转化到对布基纳法索学生的教学实训中。

在开展教学实践前，中方专家组充分掌握和了解了布基纳法索职业培训中心学生的实际情况，如文化基础、学习能力、实践能力等。布基纳法索职业培训中心大部分学生文化基础薄弱，仅能完成简单读写，但学习兴趣较高，学习技能的意愿强烈。中方专家组有针对性地制订学生培养方案、课程标准，修订简明教材，将国内成体系、成系统的专业知识转化为布基纳法索职业培训中心学生能够接受和理解的知识，尽可能地少理论、多实操，帮助学生提升动手能力和岗位胜任力，鼓励学生自主学习文化知识，提升个人的专业理论知识素养。

在教学过程中，注重开展生动教学或情景教学，提升学生的参与度，帮助学生尽可能地理解和掌握理论知识。实操教学注重引导学生动手操作，培养学生先会"做"，再会"学"的学习方式。布基纳法索长期受到法国的殖民统治，学生的基础教育阶段受西式教育的影响较大，所以，在课堂教学过程中还注意要尊重学生意见，注意引导学生表达个人疑问，让学生受到肯定，激发学生的学习兴趣和学习动力，这样才能较好地提升布基纳法索职业教育课堂的教学效果。

学生毕业后，社会、行业、企业的反馈也是促进教师改进教学方式、学校改善教学管理的重要途径之一。中方专家组注重提升课堂教学效果的同时，

也注重掌握和了解学生的反馈，在课后开展学生访谈，了解学生的学习感受，及时改进教学方法；通过回访毕业生，了解学生的就业感受，帮助学生解决就业问题。这样能更好地认识到课堂教学过程中的不足。另外，中方专家组还通过走访企业，收集企业用人需求和技能需求，改进教学。同时还鼓励和支持社会组织、企业、院校等作为社会培训评价组织，提供技能评价服务，帮助中方专家组更好地提升教学效果，以从学生、社会反馈的角度开展另类的职业教育"示范教学"，引导布基纳法索职业培训中心提升师资队伍的建设能力。

（三）注重企业、行业资源共享，协同提升师资队伍建设能力

中方专家组在布基纳法索开展技术合作期间，通过国内专家团队的指导，优先选择国内单位专业带头人或行业技能能手构建优秀的师资团队，提前做好国内企业导师的聘任，纳入项目师资库，协助开展专业和实训教学。

依托布基纳法索科研机构和中资企业，打造企业导师，将搭建的信息化师资库引入资源共享机制。让企业家走进课堂，把企业生产过程中实际需要的技术和知识真实地呈现在学生面前。同时也可以借用企业导师的资源，让学生到生产一线感受现场工作，感受所学知识的应用，把职业教育的课堂延伸至企业。

中方专家组现场专家组和中资企业技术骨干通过合作，引导布基纳法索职业培训中心开展产教融合、校企合作。帮助布方教师进入企业，了解企业的实际用人需求，协助布方职业培训中心构建一支理论扎实、技术研发能力强、实践教学能力突出、知识能力结构合理的"双师型"教师队伍。

帮助布基纳法索职业教育主管部门，从顶层构建和完善产教融合的政策、制度。如不断健全职业培训中心教师或学生到企业工作或实习的劳动保护制度，免除学校、企业的后顾之忧。在实践过程中，进一步明确企业需要承担

的职业教育义务，包括人才需求的研判、职业资格标准的制定、职教课程开发的参与等。中方专家组通过增加企业参与职业教育享受的权利内容，调整有关税收减免政策，规范税收减免范围；通过适当提高企业职业培训支出限额税收的扣除比例等方式，鼓励企业积极参与校企合作协同育人。

进一步推动"校企合作、产教融合"教学改革，建立健全校企合作协同育人的长效机制。中方专家组建议，建立校企合作协同育人的经费保障机制，公共财政适当补偿企业参与职业教育所提供公共服务的人力资源和物力成本。要明确行业指导校企合作的责任，将行业人力资源预测、行业发展规划、职业资格等级考核、实习实训指导等事宜，纳入行业协会的职能范围。要建立企业参与职业教育的长效机制，推动校企合作运行机制从感情机制转向利益机制和组织机制。同时，还要建立奖励机制，设立校企合作协同育人企业资质认证制度和企业贡献等级评价制度，为校企合作协同育人营造良好的社会环境和舆论氛围。而建立校企合作协同育人的评价机制，成为政府在校企合作中配置资源的重要依据，以及企业评优、学校评优的主要依据，这也是校企合作协同育人机制的重要内容。

中方专家组在中布职业教育师资建设方面，从多个角度开展技术指导与合作，帮助布基纳法索整体提升职业教育师资建设的能力，打造了一支可持续发展、有特色的教师队伍，为布基纳法索的职业教育提供源源不断的动力，培养更多的职业技能人才，改善布基纳法索青年人的就业困境，促进布基纳法索经济的发展和社会的稳定。

第四章

中布职业教育合作教学管理

一、借鉴"楚怡"现代职教教学模式，探索中布职教合作教学模式

职业教育有其自身教育教学的特殊性。它不仅要教给学生知识，还要培养学生的职业技能，而且更关注他们自身的发展，包括健全人格和创新能力的培养。"楚怡"职教精神已融入湖南现代职业教育发展的血脉，为湖南职业教育发展、经济提速助力。"楚怡"现代职教大力倡导的"工学结合"的人才培养模式，就是要将工作与学习有机地结合起来。如何改变传统的教学观念，真正实现学与用的统一，是"楚怡"职教一直在探索的问题。职业院校学生的片面发展反映出基于能力本位的职教人才培养模式的不足。能力本位理念本身的偏狭性，导致职业教育教学模式存在着培养目标片面狭隘、专业设置趋利性强、课程体系不够合理、教学活动封闭单一等问题，这在一定程度上阻碍了职业教育学生的全面发展和职业教育的可持续发展。随着社会经济的发展，学生的全面发展理论较之于能力本位理念在个人需要和社会发展等层面都具有先进性，且从国家经济发展、企业的需求、职业教育自身办学实力和职业院校学生个人发展意愿等方面考量，将全面发展理论作为职业教育教学模式的指导理念具有可行性。"楚怡"职教也正是在学生的全面发展理论视域下，从培养目标、课程体系、教学方式、教学评价方面对现行教学模式进行改革。在中布职业教育合作期间，项目团队就在探索、搭建适合布基纳法索职业教育的路径和教学管理方式。

（一）来华培训与境外培训相结合

自 2018 年中国与布基纳法索恢复外交关系以来，为更好地传播中国先进的职教理念和教学管理方式，更好地落实"以人为本、工学结合"的中布职业教育合作人才培养方式，项目团队采取"请进来、走出去"的理念，通过来华培训和境外培训相结合的方式开展中布职业教育合作。

项目团队通过邀请布方职业教育管理人员和教师来华进行 7 个月的实习培训来落实"请进来"的职教合作，让布方学员在中国实地感受"楚怡"职教人才培养的方式和效果，为布基纳法索的职业教育教学管理撒下希望的种子，也为后期中布职业教育合作的开展奠定了一定基础。

同时根据布基纳法索的需要，项目团队共选派 18 名专业教师、翻译和管理人员赴布基纳法索现场指导，践行"走出去"的职教合作理念。赴布现场指导涉及计算机、卫生管道、机电一体化、数控与模具、电工和汽车维修等专业。在现场指导期间，中方专家组通过示范性教学和管理，帮助和引导布方职业培训中心在教学管理等方面改善和提升，让"楚怡"职教精神潜移默化地影响着布基纳法索职业培训中心的师生。

中布职业教育合作项目开展实施期间，项目团队对布基纳法索各职业培训中心的教师组织开展了能力培训。项目团队定期分批次对布方选送的教师进行教学培训，期间按照培育建设、验收认定、成果推广的模式，帮助布方职业培训中心构建优秀师资团队，为布方打造了 3—4 支高标准的师资团队。在布基纳法索开展教学培训期间，项目团队还分批邀请布方职业培训中心管理人员和专业骨干教师来华接受培训，结合后期的持续跟踪指导、教育合作组织开展和双向师生互派交流等方式，提升布基纳法索职业培训中心各专业的教学管理水平，增强各专业教学与设备技术水平的同步提升能力，进一步巩固和提升布基纳法索职业培训中心运营和教学管理的能力。

（二）物资设备捐赠与中国技术输出相结合

习近平主席曾指出，中非关系最大的"义"，就是用中国发展助力非洲的发展，最终实现互利共赢、共同发展。因此，中国不仅"授人以鱼"、不附加任何政治条件地为布基纳法索捐赠物资设备，更"授人以渔"、与布基纳法索加强人力资源开发合作和技术交流，坚持"物资捐赠"与"技术合作"相结合，帮助布基纳法索培养更多技术人才。

在物资设备方面，项目团队分别在 2019 年和 2022 年向布方捐赠价值总计 500 余万人民币的教学实训设备和零配件，涉及计算机、卫生管道、机电一体化、数控与模具、电工、汽车维修和金属焊接 7 个专业。项目团队在中布职业教育合作项目开展实施初期就调研了布基纳法索各职业培训中心的实际情况，了解学校各专业的教学设备需求，与布方磋商捐赠技术设备详单，通过中国驻布基纳法索大使馆审核后在国内采购，所有捐赠设备均为国内企业生产。所有设备运输抵达布基纳法索后，由项目团队指导布方职业培训中心完成设备的安装调试。在后期的教学培训过程中，中方专家组开展专项培训，教会布方教师使用中方捐赠的技术设备开展教学实训，提升布基纳法索职业培训中心教师在教学能力方面的不足。

在技术输出方面，项目团队共选派 18 名专家赴布基纳法索开展现场教学管理指导，帮助布基纳法索树立现代职业教育理念，掌握现代职业教育教学方法。首先，项目初期，中方专家组联合在布中资企业积极落实"鲁班工坊"项目，为中资企业培养当地人才，为布基纳法索职业培训中心的学生提供良好的就业岗位和机会。在项目开展后的第 7 个月，中方专家组现场着手协助布方做好全国职业技能大赛事宜，于项目开始后的第 14 个月成功举办全国职业技能大赛。其次，项目团队通过现场实操和示范教学等方式，帮助布方职业培训中心教师学会使用中国捐赠的教学设备，并运用到实际的教学管理中。

最后，项目交付后利用远程技术手段，由中方职业教育机构与布基纳法索职业教育管理部门开展合作，持续指导布基纳法索"鲁班工坊"运行，促进中国技术"走出去"。

（三）教学标准开发与教学能力建设相结合

教学标准输出是职业教育走向国际化的必由之路和最高追求，标准体系建设、输出和检验有赖于职业院校的国际实践和开拓。项目团队以中布职业教育合作为载体，积极推动具有"楚怡"特色的产教融合理念、标准、模式、经验走进布基纳法索职业教育体系，参与布基纳法索职业教育相关标准的修订和完善，帮助布基纳法索提升职业教育教学能力和管理能力。

项目团队在调研布基纳法索产业发展、人才需求、专业建设的基础上，密切结合布基纳法索国情，在合作内容方面，确立了"标准、专业、课程、教学"等"一揽子"方针，开发相关职业教学标准，为布基纳法索职业教育的专业建设、课程建设、教学运行等提供支撑。

在职业教学标准开发方面，项目团队以习近平新时代中国特色社会主义思想为指导，全面贯彻落实习近平主席中非合作"授人以渔"的理念，进一步践行中非合作论坛北京峰会上提出的"八大行动"，在实施能力建设行动中向非洲青年提供职业技能培训。牢固树立新发展理念，形成职业教育"走出去"的品牌效应，主动适应教育现代化对布基纳法索职业教育体系、职业教育师资建设等方面的要求，遵循职业教育发展规律，立足当前，着眼长远，以提升整体教学质量为核心，探索和构建适应现代职业教育发展规律、适合布基纳法索职业教育发展要求和方向的职业教育体系。项目团队在中布职业教育合作项目开展实施期间，完成电工、计算机、汽车维修、卫生管道、机电一体化、数控与模具 6 个专业 200 余项专业教学标准的撰写，并校译为中法双语对照版本移交给布方开展教学实施。

在职业教学能力建设方面，项目团队在项目初期对布基纳法索的职业教育现状进行了调研，并完成调研报告；组织开展布基纳法索全国职业技能大赛；组织开展布基纳法索职业教育领域"高级教师培训"；选派理论教学对应专业的相关专家和实践操作水平高的专家，选择实训设备设施与布方教学培训设备相同或相近的实训场地和基地对布方学员进行培训，安排布方学员与相同或相近专业的职业院校师生交流座谈，让布方学员更多地体验现代职业教育；通过现场指导，为布基纳法索职业培训中心开发设计教学大纲、编写教材、制订设备维护和保养制度等，结合实际情况，有的放矢地建设重点专业，提升布方教师的专业技能水平和教学管理能力。

为更好地促进布基纳法索职业教育在教学管理和教学能力方面的提升，项目团队专家联合国内职教专家，结合布基纳法索各职业培训中心的实际情况，开发适合布基纳法索职业教育的各类职业教育教学标准。职业教育教学标准是中布职业教育合作的重要内容，也是中方项目项目团队在布开展职业教育合作的重要成果体现。在开发职业教育教学标准初期，项目团队就确定了要形成既符合布基纳法索国情，又能促进布基纳法索职业教育发展的指导性文件和成果。表4-1列出了中布职业教育合作项目第一期专家开发职业教育教学标准清单。这些职业教育教学标准直接来源于中布职业教育合作项目，凝聚了专家组的心血，也是中方对布基纳法索职业教育大力支持的体现，对于布方今后的职业教育培训具有极大的实践参考价值。

表4-1　中布职业教育合作项目第一期专家开发职业教育教学标准清单

序号	职业教育教学标准名称
1	布基纳法索职业教育深度行业报告
2	关于布基纳法索职业教育的调研报告

续表

序号	职业教育教学标准名称	
3	机电一体化专业	机电一体化专业PPT课件
4		机电一体化专业设备维护保养手册
5		机电一体化专业安全操作规程
6		机电一体化专业实训室管理制度
7	电工专业 （建筑电气专业）	电工专业PPT课件
8		电工专业设备维护保养手册
9		电工专业安全操作规程
10		电工专业实训室管理制度
11	汽车维修专业 （汽车机械专业）	汽车维修专业PPT课件
12		汽车维修专业设备维护保养手册
13		汽车维修专业安全操作规程
14		汽车维修专业实训室管理制度
15	数控专业 （精密仪器专业）	数控专业PPT课件
16		数控专业设备维护保养手册
17		数控专业安全操作规程
18		数控专业实训室管理制度

资料来源：中国商务部国际经济合作事务局

二、借鉴"楚怡"现代教学方式，创新中布职教合作教学方式

职业教育是教育体系的重要组成部分，其主要教学目标是为社会培养高素质、高技能的应用型人才，促进国家的经济发展。随着社会经济的发展，社会各界对专业技能型人才的需求量逐渐增加，职业教育的作用日益凸显，也对职业教育人才培养提出更多的要求；反之，也推动了职业教育在人才培养过程中教学方式的变革。职业教育需要结合自身实际情况，积极开展教学方式、方法的改革创新，提高学生的专业技能水平和综合素质。同理，中布职业教育合作也是为了促进布基纳法索职业技能人才更好地就业创业，服务社会经济发展。因此，借鉴"楚怡"职教发展经验，嵌入"楚怡"职教理念和"楚怡"职教精神，指导布基纳法索优化职业教育层次和结构、设计职业教育体系框架和运行机制，创新中布职业教育合作教学方式，为布基纳法索职业教育的创新发展提供助力，成为中布职业教育合作的重要方向之一。在中布职业教育合作项目开展期间，项目团队通过搭建中布职业教育产教融合体系，积极探索、创新适合布基纳法索国情和需求的"中文＋职业技能"的人才培养教学模式。

（一）中布职业教育合作产教融合育人模式的搭建

职业教育的内在性、系统性和时代性决定了职教共同体是实现产教融合的必由之路和社会主体参与职教的重要方式，以校企合作为基础的职业教育共同体创新是当前技能人才培养模式优化的关键。"楚怡"职教以中布职业教

育合作项目为纽带、以产教融合为依托，培养适合布基纳法索国情的技能人才，服务布基纳法索国家经济发展，同时助力在布中资企业的用人需求，实现中布职业教育合作共赢的目标。中布职业教育合作开展实施期间，项目团队将"人才培养、校企合作、资源共享、技术服务、互利合作"等方向作为深化产教融合的重要途径，以在布中资企业多元参与主体协作为载体，促进布基纳法索形成产教融合良性互动和协同发展的局面。

中国和布基纳法索自 2018 年 5 月恢复外交关系以来，近 20 家中资企业在布基纳法索考察调研项目，虽囿于布基纳法索经济发展水平和需求，实际在布开展实施项目的中资企业并不多，但中资企业或华人在布经商团队仍存在一定的当地用人需求。因此，中布职业教育合作项目开展实施期间，项目团队对在布中资企业进行了走访调研，在布中资企业和华人经商团体普遍反映当地员工存在三个方面的问题。一是工人整体文化层次低，大部分工人因为基本没上过学，对于一些操作不理解，造成交流困难，使得一些技术不能很好的落实；二是工人应付思想严重，相当一部分工人存在偷懒的思想，因此效率非常低下，同样的工作，中国工人的效率是当地人的 2—3 倍；三是双方思维方式有一定差异，有时会造成不必要的麻烦。解决好这些问题，更好地为在布中资企业培养合适的当地人才，也成为中布职业教育合作的潜在要求之一。

在产教融合方面，项目团队不仅向布方职业培训中心捐赠了价值 500 余万元人民币的教学实训设备和零配件，还积极帮助布方职业培训中心搭建校内工厂，引导学校利用捐赠设备开展校企合作。同时项目团队也向布方建议，由布基纳法索主管职业教育的青职部制定相应政策。发挥政策杠杆作用，强化产业和教育政策牵引，促进布基纳法索政府、行业、企业、学校等多方参与，搭建以企业行业为核心的平台，鼓励在布中资企业与布基纳法索相关职业教育机构合作，探索建立体现产教融合国际合作发展导向的合作体系。建议布方强化健全合作机制。充分发挥学校、行业、企业的积极性，与企业建立合作关系，鼓励企业在学校设立奖学金，使学校获得企业的资金支持，将教学与实践结合起来，进一步提升国际产能合作效果。

产教融合、多主体协同是中布职业教育合作工作的主题，项目团队根据现代职业教育的基本原则和规律，按计划、分步骤、系统性开发与中布职业教育技术合作相关的教学成果，联系相关企业参与，利用对外交流与合作平台等，以简驭繁，举一反三，确保教学成果系统、连贯地进行。

产教融合、校企互动，是从根本上打破教育与社会、学校与企业、专业与产业、教学与生产之间的藩篱，使学校与企业成为合作共同体、发展联合体。中布职业教育合作项目开展实施期间，项目团队联合在布中资企业和华人经商团队以"多元参与、合作共赢"的合作模式，深化与布基纳法索职业教育培训中心的交流合作，积极邀请在布中资企业和华人经商团体参与各类活动，如为中布职业教育合作项目举办的布基纳法索全国职业技能大赛、高级教师培训，提供竞赛设备和竞赛技术的支持，鼓励在布中资企业和华人经商团队参与建设职业培训中心校办工厂等。项目团队在布基纳法索开展实施中布职业教育合作项目期间，尽可能地集中在布中资和华人华侨优质资源，发挥"楚怡"职教体系健全、校企合作程度深、服务社会能力强等特点，抓住布基纳法索职业教育发展的"空白点"和"薄弱环节"，与布基纳法索14家职业培训中心，多家在布中资企业、华人经商团体企业开展人才培养、校企合作、文化交流、技术服务等多方位深层次的交流合作，促进教育链、人才链和产业链有机衔接，构建互利共赢的中布职业教育产教融合发展共同体，助力布基纳法索职业教育的发展。

（二）中布职业教育合作项目教学方法的落地实施

教学方法直接影响着教学效果。在职业教育中，教学方法的创新是所有教师一直在探索的课题。在中布职业教育合作项目的实施过程中，找到更适合布基纳法索职业教育的教学方法也是项目团队重要的工作内容之一。

注重"躬行实践"，提倡"为干而学，从干中学"是"楚怡"职教最初的办学方针。实践是检验真理的唯一标准，一切知识和技能的形成都来自社会生活实践和社会生产实践。以做中教、做中学、学中做为导向，项目团队在开展实施中布职业教育合作的专业教学过程中，通过现场专家的示范性教学，为学生展现产品的整个生产流程、环节设置、操作要求、注意事项等，让布基纳法索学生感知知识的认知和内化规律、专业技能的提升和形成规律，以及生产流程的设置规律，培养学生遵守技术文件和操作规范的良好习惯。

同时，为更好地开展实施中布职业教育合作项目，项目团队向布基纳法索职业培训中心捐赠教学实训设备，维护、维修原有的教学实训设备，帮助职业培训中心开辟各专业的专门教室和实习工场。项目团队为金亚雷职业培训中心和瓦加杜古职业培训中心捐赠了汽柴油共轨发动机实训设备、家用轿车故障检测设备、汽车维修技术工具包、教研发电机设备、继电保护教学设备等价值近百万元的汽修专业教学设备和零配件；为博博迪乌拉索工业培训中心的机电一体化和数控与模具专业捐赠了价值近200万元人民币的车床、刨床、铣床等教学实训设备。项目团队运用这些实训设备更好地帮助布基纳法索职业培训中心落实和创新项目教学方法，提升教学质量和教学效果。

针对布基纳法索的实际需求，项目团队联合在布中资企业采用学徒制培养方式，开展现场示范性教学，积极落实国内远程项目教学、实训实操仿真教学、到中资企业实习的工作过程导向教学等教学方式方法，引导布基纳法索职业培训中心创新教学方式方法，使职业培训中心的青年学生获得一技之长。同时，积极为当地企业技术技能型人才需求提供定制服务，为中资企业在布基纳法索的发展储备人才。

（三）探索中布职业教育合作"中文＋职业技能"教学

中国和布基纳法索恢复外交关系后，经过两国政府磋商，中国商务部国际经济合作事务局与布基纳法索青职部，分别代表两国政府就中布职业教育合作项目的具体事宜进行了友好协商，并达成一致意见，签署了实施协议。2018 年 7 月 12 日，中国政府正式开展实施合作建设布基纳法索职业培训中心项目，重点与布基纳法索瓦加杜古、金亚雷和博博迪乌拉索三所职业培训中心进行合作，同时协助布基纳法索其他 11 所职业培训中心的教学建设。中方实施单位为湘外院、湖南省商务厅培训中心组建的项目团队，首批派出由 7 名教师和翻译组成的专家组，赴布开展第一期职业教育合作，第二期派遣由 11 名专家、教师组成的专家组赴布基纳法索开展职业教育合作。

推进"中文＋职业技能"教育在布基纳法索落地生根。2018 年，项目团队在布基纳法索开设"中文＋职业技能"职业教育模式。该模式提升了学习者的综合素质和就业能力，为中资企业输送了懂中文的专业技能型复合人才。

项目团队推动当地企业、中国商会、中资企业参与本土化技术技能型人才培养。例如，积极引导当地企业、中资企业和华人商会参与布基纳法索职业培训中心人才培养方案的制订，参与到人才培养各环节，为职业培训中心的学生实习实训提供实习场所。在实习过程中全程参考中资企业用人要求，鼓励学生通过中文参与岗位实习实训，也为中资企业管理当地工人积累一定的经验和方法。项目团队与中资企业开展合作，吸引具有双语教学能力的中国人共同参与"中文＋职业技能"教学，培养中布友好型人才。2022 年 3 月，中布职业教育合作项目第二期开展过程中，博博迪乌拉索孔子学院正式启动，为更好地开展"中文＋职业技能"教学提供了强有力的支持。

一是营造多元文化育人环境，在布基纳法索职业培训中心创建践行"工学结合"育人的校园文化氛围，将"楚怡"精神和湖湘文化融入教育教学管理各个环节。二是校企合作提升学生的职业能力，与在布基纳法索的中资企业深度合作，精准对接企业需要培养技术技能型人才。三是培养会汉语的技能人才，与孔子学院合作，开设汉语选修课，为"走出去"的中国企业量身打造"中国方案"。在前期探索的基础上，借助国家对外合作平台构建了具有"楚怡"职教特色的湘非合作模式，系统推进"楚怡"职教方案深耕非洲。建立了布基纳法索职业教育新标准，为布基纳法索开发 200 余项职业教育标准并在布基纳法索职业培训中心逐步推广使用。

中布职业教育合作项目开展实施期间，项目团队还指导布方构建了 3 个布基纳法索国家职业教育实施平台。一是以能力建设为核心，打造了当地职业教育师资培训国家基地，共培训布基纳法索师资近千人；二是以网络建设和多媒体教学为手段，初步构建了信息化应用体系；三是以产教融合为抓手，实现了校企互利共赢。

项目团队积极推动布基纳法索职业培训中心与在布中资企业开展产教融合，跨境合作，全方位服务中资企业技术技能型人才培养，为在布中资企业培养、培训技术人才 2 000 余人。共享中资企业优质资源，邀请中资企业参与人才培养方案制订，邀请中资企业能工巧匠参与教学，利用中资企业的场地和设备设施开展实践教学，优先向在布中资企业输送人才。

三、借鉴"楚怡"现代教学管理，完善中布职教合作教学管理体系

完善的教学管理体系，是职业教育提高教学质量的保障之一。中布职业教育合作项目在建立之初即确定了符合当时布基纳法索国情和需要的教学管

理体系，从教学评价到教师队伍的素质建设，都体现了"楚怡"职教精神的内涵。"楚怡"现代职教同样没有忽视教学管理体系的构建。在中布职业教育合作项目实施过程中，项目团队同样尝试在提升布基纳法索职业教育整体水平的过程中，完善其教学管理体系。建立完善的教学管理体制，职业培训中心内部管理体制，学校、企业、社会之间的互动机制，师资团队管理体制等各项规章制度，是职业培训中心得以规范有序运行的基础。在中布职业教育合作项目中建立起科学化、制度化、规范化的教学管理体系，是提升布基纳法索职业教育教学管理能力十分重要的组成部分，是保质保量完成中布职业教育合作的重要内容。

（一）建立教学质量考核评价制度，完善教学管理体系

建立健全布基纳法索职业教育教学质量考核评价制度是完善中布职业教育合作教学管理体系过程中的重要内容，应当放在职业教育教学管理工作中的重要位置。促进布基纳法索职业教育教学管理体系工作的科学化、规范化，提高教学管理水平，是推进中布职业教育合作项目各项教学建设、提高布方职业教育教学质量的重要保证。

项目团队在布基纳法索开展实施教学活动的过程中，严格要求所有专家做好专业教学规划和教学材料的准备工作。项目团队定期开展现场教学质量评估，要求所有专业在每次课程完成后，邀请布方学员对课程进行授课评价（表4-2）；通过教学评估可以了解现场专家的教学效果及布方对项目教学的认可度。

表 4-2　中布职业教育合作项目第二期培训授课评价表

专业名称：　　　　授课教师：　　　　翻译姓名：　　　　培训人数：

序号	授课内容	授课日期	授课对象评价				学员代表签名
			优秀	良好	合格	不合格	
1							
2							

　　项目团队在中布职业教育合作项目中建立起了规范完整、有机统一的教学质量考核评价制度。这是中布职业教育合作项目顺利完成的必然选择，也是完善布基纳法索职业教育管理体系不可缺少的手段，它可以有效帮助布基纳法索建立学期中检查制度，开展学生评教、教师评教、教师评学等教学质量评价制度，同时也可以很好地帮助项目团队改进教学质量，提升教学效果。但是在实施过程中也应注意建立的教学质量考核评价制度应当简易可行，突出主要方面，强调每个指标的相对独立性。每个考核评价方案在付诸实施时，可先建立试点，然后根据实践修改完善。特别是在布基纳法索这样的非洲国家，相对落后的教育制度和教育管理观念，都会给教学质量考核评价制度带来硬伤。对教学质量的考核评价，原则上可由项目合作双方的领导者、中资企业技术能手和学生三者作为评估主体来进行，但是在实际实施过程中，较可行的还是由学生进行评价。

　　在开展中布职业教育合作项目的过程中，项目团队注意到，想要完善布基纳法索的教学质量考核评价制度，还应实施多维度的分类评估，以避免单一指标所带来的片面性，从内容维度出发，针对职业教育的各个方面，如职业教育顶层设计与政策、职业教育师资、职业教育课程体系等的情况来反映；从类型维度出发，充分考虑职业教育的不同类型，如理工类、农林类等。通过这些维度的单一作用或综合作用，可立体地反映职业教育的教学质量，更好地完善布基纳法索职业教育管理体系。

（二）加强布方教师队伍素质建设，提升教学管理队伍素质

职业教育教学管理是一个系统工程，教师队伍素质建设作为其子系统，起着举足轻重的作用。管理者应遵循管理规律和教学规律，科学地组织协调和使用教学系统内部的人力、物力、时间、信息等因素，确保教学工作有序、高效地运转，实现职业教育规模、结构、质量、效益协调发展。这一切的关键在于建设一支掌握职业教育教学管理基本理论、规律和特点，具有创新精神的高素质教师队伍。

项目团队在选择赴布指导教学的专家时，就明确了教学管理队伍应具有的基本素质。项目团队要求所有教学管理队伍成员明白在布开展教学任务的目的是组织育人、管理育人、服务育人。布基纳法索现有的社会经济发展状态和市场需求与中国完全不同，那么在人才培养方面的要求也存在较大差别，所以项目团队在布开展教学实训时就会在教学管理工作中遇到更多复杂的问题，这就对赴布开展教学实训的专家组的素质有更高的要求。

首先，要具有良好的政治思想素质和职业道德素质。项目团队教学管理人员必须坚持政治理论学习，树立正确的人生观、价值观和道德观，树立全心全意为师生和教学服务的思想，有责任心和责任感，坚持"以人为本、管理育人、服务育人"理念，高质量地完成中布职业教育合作项目。

其次，要具有良好的科学文化素质。作为中布职业教育合作项目的教学管理人员，既要懂得教育科学、教育心理学、教育管理等基本知识，了解管理范围内所涉及的相关专业课程，又要熟悉现代化教学管理手段，更要明白对外合作项目工作的重要性和外交作用。

再次，要具有较强的组织管理能力。组织管理能力主要包括贯彻执行方针、政策、法规方面的能力，拟定规划、方案、程序的能力，对教学管理工

作进行有效的组织、监督、协调和控制的能力，以及较强的文字表达能力和
与各部门进行良好沟通的能力。只有具备较强的组织管理能力，方能实现中
布职业教育合作教育教学资源的合理配置，提高教学质量和教学效果。

最后，要具有一定的学术水平和科研能力。在开展实施中布职业教育合
作项目的过程中，所有专家要能够结合现场实际情况改善教学方法和教学手
段，还要能够根据布基纳法索职业教育的实际情况进行相关的研究和探讨，
努力做到在前人的基础上，开拓创新，更好地提高工作水平和效率，更好地
帮助布基纳法索提升教学管理能力，建立符合布基纳法索基本国情和需要的
教学管理模式。

项目团队在实施中布职业教育合作项目的过程中，在加强教学团队的素
质建设时，也同步引导和帮助布基纳法索职业培训中心进行教师队伍的素质
建设。在项目第一期开展实施期间，通过与布方职业教育主管部门青职部协
同配合，组织布基纳法索职业教育系统的 60 名教师开展了为期 30 天的高级
教师培训。通过开展专业课程培训、教学方法研讨、实训教学演示等，初步
展示了中方专家组的面貌。在项目第二期开展实施期间，同样选派国内教学
经验丰富、教学素养高的专家教师赴布开展教学培训。项目后期通过持续性
的跟踪指导，加强布基纳法索职业教育的教师队伍素质建设，帮助布基纳法
索进一步完善教学管理体系。

（三）树立先进的职业教育理念体系，提升布方教学管理能力

在职业教育的教学管理工作中，教育管理理念发挥着核心引导作用。随
着社会经济的发展，以及职业教育教学方式方法的不断变化发展，传统的教
学管理理念已经满足不了时代发展需要。对于布基纳法索来说，成体系的、
先进的职业教育理念能够更好地促进布基纳法索职业培训中心教学管理能力
提升。布基纳法索职业培训中心的教师大多学历水平不高，社会实践经验不

够，对于教学管理工作缺乏正确的认识。布基纳法索职业培训中心管理人员也缺乏基于整体角度的全面规划教学管理能力。布基纳法索各职业培训中心囿于经费、人员和理念的不足，并未设置针对性较强的教学管理部门，且现有管理部门的管理能力、学术基础也有所欠缺，影响了教学改革工作的深入开展。再者，在当前信息化时代大背景下，布基纳法索职业培训中心也不能有效地将互联网技术运用到教学管理工作中。因此，在开展实施中布职业教育合作项目时，项目团队有针对性地引导布基纳法索职业培训中心教学管理人员转变和更新教学管理理念，提高管理效率。

为更好地帮助布基纳法索提升教学管理能力，项目团队通过现场帮助、国内指导的方式帮助布基纳法索建立先进的职业教育理念体系。中方专家组多次与布基纳法索职业教育主管部门青职部召开职业教育教学管理能提升工作座谈会。中方专家组联系布基纳法索 14 所职业培训中心的管理人员和教师及相关机构官员，以讲座、研讨、合作研究等形式开展职业教育管理经验交流，由中方专家介绍中国职业教育的先进做法，推进现代职业教育管理方法和手段，以及具有中布两国特点的现代职业教育管理理念在布基纳法索落地生根。项目团队还与布基纳法索青职部青年就业与计划安置署就建设布基纳法索全国职业教育评价和职业标准体系交流和沟通意见、建议，以促进布基纳法索职业教育体系的完善和提升。项目团队对瓦加杜古职业培训中心、金亚雷职业培训中心和博博迪乌拉索工业职业培训中心的行政管理人员在教务、学生管理、就业创业、后勤管理等方面多次提出改进建议，对他们进行计算机应用知识的培训，在学生管理、物资管理方面进行规范化管理，之后，3 所职业培训中心的管理能力提升效果明显。

邀请布基纳法索职业教育管理人员和教师来华培训时，每个培训班在开设专业课程的同时，都开设了职业教育发展趋势、理念及职业教育发展的现状和成就等职业教育领域的公共必修课，让布基纳法索职业教育管理人员和教师学习中国先进的职业教育管理和教学经验，初步掌握先进的职业教育教学方法和手段。

中布职业教育合作项目第二期，项目团队通过日常教学、实训实操教学展示了中国先进的职业教育理念。项目团队借鉴湖南举办职业技能大赛的方案和经验，与布基纳法索相关部门一起举办了全国职业技能大赛，让布基纳法索职业培训中心的师生从竞赛的角度感受"楚怡"职教理念，全方位、多角度地提升布基纳法索职业教育教学管理能力。

第五章

中布职业教育教学标准合作开发

专业教学标准是在专业教学和专业建设范围内、用于衡量教学质量的客观尺度。作为一种"标准系统",它必须具备公信力。因此,专业教学标准是以科学、技术和教学实践的综合成果为基础,经社会有关方面协商一致制定,由主管机关批准,以特定形式发布的一种规范性文件。一经发布,它将成为该专业教学共同遵守的准则和依据。鉴于此,教育部有关文件给出的界定是:"专业教学标准是开展专业教学的基本文件,是明确培养目标和规格、组织实施教学、规范教学管理、加强专业建设、开发教材和学习资源的基本依据,是评估教育教学质量的主要标尺,同时也是用人单位选用职业院校毕业生的重要参考。"

教学标准的编制与开发在中布职业教育合作项目整体任务中占据重要地位。中布职业教育合作项目团队在完成对布基纳法索的职业教育政策及现状调研的基础上,对比其他西方国家在布基纳法索开展的职业教育合作相关职业能力标准,借鉴中国职业教育专业标准建设和未来发展实际,以及"楚怡"职业教育教学标准的优秀内容,深入分析国内外相关专业课程标准和课程体系的内涵,确立了中布职业教育合作项目课程标准设计思路,结合布基纳法索职业教育培训中心现有的专业教学设备和设施,构建了符合布基纳法索国情和需要、具有"楚怡"职教特色的布基纳法索职业教育人才培养目标和教学标准。

一、布基纳法索职业教育教学标准开发现状

中布职业教育合作项目团队通过对布基纳法索14所职业培训中心的走访

调研，从学校规模、专业开设、师资力量、学生规模、设施设备、教学体系等方面对布基纳法索的职业教育情况作了摸底，为后期教学标准的合作开发积累了大量的素材。

布基纳法索共有公立职业教育机构（职业培训中心）14 所，分布在 10 个城市，每所学校的在校生为 200—600 人不等。因为国家和地方经费支持力度不同，不同地方学生的入学条件有很大的差别（布基纳法索青年人口文盲率较高），国家对不同地方的职业培训需求和规划也有很大区别。布基纳法索职业教育主管部门青职部将 14 所职业培训中心划分为国家级、地区级两个级别。这些职业培训中心开设的专业大多偏重于基础应用，不需要太高的基础文化，且大多是布基纳法索经济发展急需且易于学习的工业基础类专业，如计算机、木工、电工、汽车维修、焊接、摩托车及农机维修、卫生管道、裁剪与缝纫、美容美发、泥工、焊接和糕点制作等。部分国家级职业培训中心会开设一部分对文化基础要求较高的专业，如计算机软件开发、机电一体化和精密仪器（数控与模具）专业。

（一）布基纳法索职业培训中心现状

项目团队在布基纳法索开展实施中布职业教育合作项目期间，为了更好地了解布基纳法索各职业培训中心的现状，为今后职业教育合作项目的开展打好基础，在青职部协调员的陪同下，中方专家组调研考察了布基纳法索 14 所职业培训中心中的 13 所，因 1 所职业培训中心位于布基纳法索政局动荡区域，未能开展调研。

1. 各职业培训中心的基本状况

（1）金亚雷职业培训中心（国家级）。

学校现有教师 36 人，学生 450 人，开设有计算机、工业电气、木工、数控与模具、建筑内电气、汽车维修、食品加工和太阳能发电 8 个专业，计划新增金属加工（焊接）专业。计算机专业需要建一个新的教室并配备新的教学电脑，多个专业的教学实训设备需要更换维修零配件。因电力供应不稳定，学校需要中方捐赠部分太阳能板，以满足教学办公用电需求。该学校的教师希望得到高水平的教学培训和进修。

（2）博博迪乌拉索工业职业培训中心（国家级）。

学校现有教师 21 人，学生 300 余人，开设有家用电器维修、建筑内电气、裁剪和缝纫、摩托车维修、泥工与建筑制图、汽车维修、计算机维修、木工、农业机械和精密机械 10 个专业，计划新增制冷与空调、食品加工、美容美发、矿产机械维修、机械自动化、水利工程等专业。学校共有 10 个教学实训车间，大部分教学实训设备损坏严重，缺少原材料及零配件；学生的实训实操场地有限，需要建设新的实习车间。学校教师希望得到教学管理、教学能力方面的培训。

（3）金亚雷职业培训中心（地区级）。

学校目前有教师 6 人，学生 100 余人，开设有电工、卫生管道、建筑内电气和缝纫 4 个专业，计划新增太阳能发电、建筑（泥工）、金属加工（焊接）、美容美发 4 个专业。目前该学校的困难在于教师的数量不够，希望中方对教师进行教学方面的专业培训。另外，学校的教学实训设备和零配件需要更新维护。学校也没有足够的运行资金，希望中方协助建设一个图书馆，方便学生借阅学习资料。

（4）博博迪乌拉索职业培训中心（地区级）。

学校现有教师 7 人，学生 110 余人，开设有精密机械加工、模具、机电一体化、计算机维修和太阳能发电 5 个专业。该学校教学缺少原材料及零配件，需要补充；部分教学实训设备损坏，需要维修；教师的水平参差不齐，需要进一步加强培训指导。

（5）瓦加杜古职业培训中心（地区级）。

学校现有教师 28 人、学生 580 人，开设有金属加工、卫生管道、缝纫、计算机维护、汽车机械、摩托车及自行车维修、泥工、建筑设计、建筑电气、制冷和木工 11 个专业。学校位于布基纳法索首都瓦加杜古，教师资源相对充裕，教师的教学水平相对较高，多名教师参加过欧美国家的培训进修。学校最大的困难是教学实训设备和零配件需要更换、维修保养；缺少教学用的办公设备和学生桌椅等。

（6）登古杜古职业培训中心（地区级）。

学校现有教师 7 人，学生 310 人，开设有建筑（泥工）、农机、电气、汽车修理和缝纫 5 个专业，计划新增卫生管道、美容美发、焊接、木工、制冷与空调 5 个专业。学校部分专业教学需要画图的桌子、电脑画图软件；建筑（泥土专业）缺少混凝土搅拌机。学校教师需要教学能力方面的培训和指导。

（7）芒加职业培训中心（地区级）。

学校现有教师 7 人，学生 130 人，开设有机械、焊接、建筑内电气、裁剪和缝纫 4 个专业，计划新增光伏太阳能发电、农产品加工、计算机维护 3 个专业。目前学校的主要困难是：教学设备需要维修保养，缺少实训教学用的零配件和材料；教师需要培训，提升教学管理和自身知识水平。学校希望中方为毕业学员提供必要的工具材料，帮助学生就业创业。

（8）古杜古职业培训中心（地区级）。

学校现有教师 6 人，学生 145 人，开设有计算机办公及维护、电气、焊接、卫生管道 4 个专业。学校的主要问题是部分专业缺乏必要的教学实训设备，希望中方帮助学校改善教学设备设施，捐赠一部分办公电脑，改善教师办公条件。学校教师需要系统的培训和指导。

（9）登杜古职业培训中心（地区级）。

学校现有教师 6 人，学生 115 人，开设有摩托车维修和木工 2 个专业，计划新增电气、美容美发、焊接3个专业。学校的教学设备老化过时,希望更换新的设备;希望中方帮助学校新建一个学生宿舍;需要一台教学用汽车,用于学校下乡开展技能培训演示教学。

(10)瓦希古亚职业培训中心(地区级)。

学校现有教师11人,学生267人,开设有建筑内电气、裁剪和缝纫、摩托车维修、泥工与建筑制图、汽车维修、计算机维修、木工、农业机械7个专业,计划新增制冷与空调、摩托车维修、卫生管道3个专业。学校的主要困难有:部分专业的教学实训设备不能正常运行,缺少实训教学的零配件和原材料;现有专业教学课程体系已过时,需重构并开发专业的培训教材;教师需要组织开展技能培训,提升教学能力;需新建实习实训室,提升学生实操实训能力;教师的办公环境和条件需改善。

(11)邦福拉职业培训中心(地区级)。

学校现有教师7人,学生150人,开设有农业机械、木工、摩托车维修、汽车维修、计算机维修、建筑内电气、裁剪与缝纫7个专业。学校的主要问题是教学实训设备需更新。希望中方项目帮助学校搭建1个职业创业中心和1个光伏设备车间,捐赠一批光伏板用于学校的供水抽水系统,增加教学演示用车(汽车、单轮摩托车、三轮摩托车各一辆)。学校教师需要系统的培训指导。

(12)加瓦职业培训中心(地区级)。

学校现有教师7人,学生165人,开设有建筑(泥工)、金属焊接、木工、建筑内电气、裁剪与缝纫、摩托车维修、美容美发7个专业,计划新增汽车维修和卫生管道2个专业。学校的主要问题是教学实训设备需要更新。学校教师需要教学技能的培训。

(13)迪亚博博职业培训中心(地区级)。

学校现有教师4人,学生40人,开设有摩托车维修和木工2个专业,计划新增电气、美容美发、焊接 3 个专业。学校的主要问题是教学实训设备陈旧落后，需要更换和增加。学校的教师需要系统的培训指导，提升教学技能和能力。

2. 所有职业培训中心存在的共性问题及需求

（1）教学设备老化过时，需要更换、维修零配件，缺少原材料。希望中方专家组捐赠零配件及原材料，对教学设备进行维修，保证在教学时能正常使用。

（2）教师的教学水平参差不齐，希望中方专家组对教师进行高水平的培训，并编写适合市场需求的规范化教材。

（3）缺少必要的办公用品，希望中方帮忙购买电脑、打印机、复印机、扫描仪等办公用品。

（4）希望中方提供汽车、卡车、摩托车等，方便学校外出下乡培训。

（5）在后勤方面，希望中方帮助学校修建新的学生宿舍、图书馆、医务室、餐厅、运动场、会议室、围墙、实习车间等。

（6）部分学校缺水缺电，希望中方提供发电机并帮助打井。

3. 解决问题的对策及建议

（1）根据布方青职部及职业培训中心的实际需求，一方面派遣中国专家到布基纳法索对职业培训中心教师进行专业培训，另一方面选派布方教师及学生前往中国学习先进的职教理念与思想。

（2）目前布基纳法索的职教水平相对比较低下，导致培训成果不高，直接影响毕业生的就业率，建议今后派遣中国专家赴布指导布方编写适合布基纳法索国情和市场需求的规范化教材，逐步使其职业培训专业化、规范化、国际化、多元化。

（3）布基纳法索各个职业培训中心的设备都已过时老化，同时还缺少原材料及零配件。中布职业教育合作项目团队已经汇总统计了 13 个职业培训中心所需的设备、零配件及办公用品等，希望后期可以在资金允许和便于项目开展实施的前提下捐赠部分设施设备。

（4）在后勤方面，需要增加基础设施建设投入，资金需求比较大，还需从长远考虑，可以考虑制定 3—5 年规划。

（5）关于部分学校缺水缺电的问题，可以考虑为他们提供发电机并打水井，以满足师生的用水用电需求。

中布职业教育合作项目工作任重而道远，需要长期的艰苦奋战，因地制宜、因材施教。

（二）中布合作建设职业教育教学标准

1．建设教学标准的意义

职业教育教学标准作为规范教学的一套标准体系，其构建也自然具有系统性。系统的存在主要依赖于各系统要素，各要素之间存在整体性、有机关联性、动态性、有序性和目的性。系统要素既受系统的影响，也作用于系统。教学标准的内涵要素，包括培养目标与规格、职业资格证书、课程体系与核心课程、专业办学基本条件等多个方面，它们同样也作为教学标准这一系统下的要素而存在。这些要素既要围绕教学这一中心构建，同样也是教学标准的最终呈现形式。因此，建设职业教育教学标准，应在明确专业名称、学制与学历、招生对象、就业面向等的同时，在培养目标、职业资格证书、课程体系与核心课程、专业办学基本条件等方面开展。其中，在培养目标方面，要引导布方职业培训中心培养有国际视野、符合教学标准的高素质应用型人才；在职业资格证书方面，要使布方职业培训中心学员能够取得行业通用、国际通行的职业证书；在课程体系方面，要融入"楚怡"现代职业教育系统的教学标准，符合行业前端要求和发展趋势；在专业办学基本条件方面，帮助布方构建符合教学标准所需要的实训场所，搭建有国外教师、行业专家深度参与的教学环境。同时，引导布方职业培训中心加强校企合作，引入国际评价标准，确保布方职业教育教学水平不断提高。

2. 中布合作建设职业教育教学标准的经验

（1）因地制宜、合理借鉴，促进布方职业教育教学标准建设。

中布职业教育的合作，根据布方经济发展对职业教育现代化发展的要求，充分尊重布方的历史和传统，在综合考虑布方职业教育发展、师资队伍建设、课程开发等方面情况的基础上，借鉴中国职业教育发展取得的成果和经验，立足当前，着眼长远，构建以提升整体教学质量为核心，促进适应经济社会发展、适合布基纳法索职业教育发展要求和方向的职业教育教学标准。

（2）以就业和需求为导向，提升当地技术技能型人才培养水平。

针对布基纳法索的实际需求，采用学徒制、现场教学、项目教学、仿真教学、工作过程导向教学，通过"中文＋职业技能"培养方式，大力开展职业培训，使学习者特别是青年获得一技之长，提升布基纳法索技术技能型人才培养水平。同时，为布基纳法索企业技术技能型人才需求提供定制服务，为中资企业走入非洲储备人才。

（三）改进布基纳法索职业教育教学标准的方向建议

构建好专业或专业群课程体系，要充分对照岗位技能标准和要求，本着"岗位怎么做，课堂就怎么教"的出发点，编制课程标准，开发课程。授课教师根据课程标准所规定的课程性质目的、教学要求和教学方法来组织课堂教学、实训教学和教学考核工作。在开发课程的同时，同步将信息技术融入教育教学。根据产业发展和技术升级，校企合作共建为教学、培训、自主学习、技术服务于一体的专业群共建共享型教学资源库，建立线上线下课程，顺应"互联网+职业教育"发展需求。

建立健全职业技能培训与教育的评价标准，主要是由国家、行业、企业等评价标准构成相互衔接的职业教育标准体系，形成科学化、多元化的人才评价机制，为建设技能型、知识型的人力资源库做好充足的支持服务。职业院校要将合作学校与当地实际情况相结合，对标准化职业标准体系内容进行本土化改造，共同开发专业、课程、培训等一系列教学标准，提升中国职业教育的国际影响力。政府应做好标准统一和质量把控，尤其是在帮助职业院校、行业组织开展中布职业教育合作时做好技术标准、职业资格框架、教学标准等方面的对接，将中国优质的职业教育模式和技术标准，特别是目前较为成熟的"鲁班工坊"模式向布基纳法索及非洲其他各国输出，组织开展职业技能等级认定，培养当地熟悉中国技术、产品和标准的技术技能型人才。

1. 对接职业教育专业课程体系，开发职业教育教学标准

中布职业教育合作项目团队在调研布基纳法索产业发展、人才需求、专业建设等情况的基础上，密切结合布方国情和需要，在合作内容方面，确立了"标准、专业、课程、教学"等"一揽子"方针，开发相关职业教育教学标准，为布基纳法索各职业培训中心的专业建设、课程建设、教学运行等提供支撑。

布基纳法索在职业教育领域还没有形成系统的专业课程体系，也缺乏必要的职业教育教学标准。布基纳法索在职业教育领域接受了不同国家的技术合作，各个国家的职业教育体系、教学标准并不相同，这就为布基纳法索后期的教学标准统一带来了较大的困难。

2. 契合校企合作内容，开发课程教学标准和教材

布基纳法索政府部门应达成校企合作的共识，联合高等教育部门和在布

技术合作国家共同开发职业教育教学标准和教材。这些教学标准与教材需要符合布基纳法索企业所需，既要有理论基础知识，又要有专业的实践性课程内容，需要注意这些课程内容的可操作性与实践效果。

3. 引入信息化教学模式，开发线上课程教学标准

随着互联网的发展，部分非洲国家已经具备了开发线上共享课程的条件。推动布基纳法索开发职业教育线上课程，可以为布基纳法索青年提供多元选择，也可以缩小布基纳法索和其他国家职业教育的差距。特别是由于新冠肺炎疫情的发生，中国开设建立了大批的在线共享课程，因此能够及时地应对突发事件，首创了居家上课的"中国模式"。这对新冠肺炎疫情严重的非洲国家而言，是一种十分值得借鉴的经验，但需要结合布基纳法索各职业培训中心的实际情况开展。

二、"楚怡"职业教育教学标准在布基纳法索落地实施

教学标准是职业教育质量标准之一，也是职业院校进行教学基本建设和专业建设的标尺。它清楚地反映了培养什么人、怎样培养人的基本要求。在培养目标方面，职业教育教学标准要求职业教育为生产、管理、服务一线培养具有良好职业道德、专业知识素养和职业能力的高素质技能型人才。在课程设置方面，要求职业教育与其他层次教育衔接、与职业岗位对接、与个人发展相适应。在教学方式方面，要求职业教育工学结合，推行任务驱动、项目导向等教学模式。在办学条件方面，职业教育教学标准规定了职业教育专

业建设应具备的师资、教学设施等基本条件。

中布职业教育合作项目建设期间，项目团队在引导和提升布基纳法索职业教育师资建设水平和教学管理能力的同时，兼顾职业教育教学标准的合作开发。期望通过中布职业教育合作项目使"楚怡"职教标准在布基纳法索落地实施，并能够形成适合非洲国家的国际化教学标准。

（一）"楚怡"职教培养目标的国际化

培养目标是教学活动的前提，决定了"培养什么人"这个教育的首要问题。职业教育国际化的工作原则，其一就是要以职业能力标准的国际对接为基础，以国际水平跨国企业人才要求为目标，从而实现我国专业教学标准与发达国家或重要国际组织专业教学标准的对接。教育国际化的重要目标之一是培养适应经济全球化、信息全球化，有国际意识、国际交往和国际竞争能力的人才。可见，职业教育教学标准国际化的目标是要培养对国际通行的技术标准有一定的了解和掌握，具有较高的实操能力，能够适应各类技术岗位要求，同时具有一定的外语沟通、团结协调能力的高素质技术技能型人才。

在开展中布职业教育合作项目期间，中方专家组帮助布方树立现代职业教育理念，掌握现代职业教育教学方法；教会布方教师使用中国设备并能投入教学。最后，在项目交付后利用远程技术手段，由中布职业教育合作项目团队与布基纳法索职业教育管理部门开展合作，持续指导布基纳法索"鲁班工坊"运行。

自 2018 年 6 月中布职业教育合作项目开展实施以来，中国共计派遣 18 名专家（含翻译）在布基纳法索开展职业教育培训指导工作。中方专家组通过实地走访调研布基纳法索 14 所职业培训中心，以开展示范性教学的人才培养模式，编写教学实训教材。项目团队帮助布方建立人才培养方案，搭建信息化平台，建立教学管理、学生管理、行政管理等全流程现代管理系统，助力布基纳法索教师能力提升，从而促进布基纳法索职业教育发展和国际化人才培育。

在项目开展实施期间，项目团队主要采用"走出去，请进来"的人才培育路径。中方在派遣职业技术专家在布开展教学实训的同时，还邀请布方职业培训中心教师和管理人员 40 人，来华进行为期 7 个月的实习实训。所有来华人员全部被安排在国内知名企业在岗实习，从知识技能准备阶段、实施阶段和回顾总结阶段三个阶段，帮助来华人员认识和熟悉目前国际上先进的设施设备，巩固他们的专业技术知识，帮助他们树立国际化专业技术理念。

在国家政策层面，布基纳法索政府和社会都对发展职业教育有着强烈的愿望，并出台了一系列政策和法规，对职业教育的投入也在不断增加。布基纳法索于 2007 年 7 月开始，对其自 1996 年开始施行的职业技术教育培训系统进行改革。2008 年，布基纳法索继续推进其现代化进程并推行国家职业技术教育培训政策，旨在为本国实施加速增长和可持续发展战略提供优质劳动力资源。2014 年，布基纳法索开始推行职业培训普及战略及综合行动计划，旨在为不同的社会阶层提供整合专业所需的专业技能。这些措施有效促进了布基纳法索职业教育的发展。

中布职业教育合作项目在布基纳法索开展了机电一体化、数控与模具、电工、汽车维修、卫生管道和计算机 6 个专业的教学培训。在项目开展实施期间，每个专业依据布基纳法索职业培训中心的实际情况，编写学生培养方案、专业简明教材、课程标准、教学大纲，专业技术手册等，借用国内相对先进的职业教育理念和经验，帮助布基纳法索构建成体系的国际化专业。

（二）中布职业教育合作项目教学团队的国际化

布基纳法索目前在职业教育领域还未形成规范化的师资队伍培训体系。国际化的职业教育必然要求具有国际视野、熟悉国际标准、掌握先进技术、教学水平精湛的高水平师资团队。布基纳法索 14 所职业培训中心的在岗教师数量严重不足，教师专业素质、学历水平良莠不齐。布基纳法索在岗教师能受到的专业培训主要为国际职业教育合作方面的培训，目前主要有法国、比利时、瑞士、中国等国家在布基纳法索开展职业技术合作。但是培训时长较短，培训内容较为零散，对于布基纳法索职业教育领域的师资队伍水平提升效果有限。

针对目前布基纳法索职业教育领域的师资队伍建设存在的问题，中布职业教育合作项目专家组不断完善培训机制，精心安排培训内容，打造内容丰富、贴近实际、结构合理、实用性强的精品课程。专家组要求所有授课教师在上岗前完成全部课程的课件制作及教学准备，并由相关领域专家做评估，以达到最佳授课效果。探寻多种教学形式及方法，增加体验式、交互式和研讨式等生动直观的教学形式，最大限度地调动受训师资的学习兴趣。同时加强中法双语职业教育教材的组织和开发，制订职业教师资格框架和体系、教学标准、教材，并确保能够在布基纳法索职业培训中心开展教学使用。

为确保教学质量，选择具有一定留学背景、外语较为流利的专业人士作为授课教师，加强教师与学员的沟通与交流，增强培训效果。为提升服务水平，建立专业化、固定化的服务人员队伍，经常性开展相关知识的培训。培训内容的设计考虑学员的差异性需求，培训方式的选择、授课老师的遴选与培训需求密切结合，课程的安排以应用型、启发型为主。建立统一、可操作性的培训规程，对培训内容、培训形式、教师遴选、效果评估等方面作出一般性的规定。

为构建优秀的国际化师资团队，项目团队依托布基纳法索的科研机构和行业企业，构建师资库与资源共享机制。除了外引之外，项目团队注重内培，打造出一支具有较强科研实力、丰富授课经验、较高交流能力、专兼职结合、年龄结构合理的国际化职业教育师资队伍。

中布职业教育合作项目开展实施期间，项目团队与布基纳法索职业教育主管部门合作举办了全国职业技能大赛、高级教师培训、优秀学员赴华实习实训、大使创业基金等人文交流合作活动。这些活动已成为布基纳法索职业教育领域响亮的品牌活动。全国职业技能大赛的成功举办为布基纳法索冲击国际职业技能大赛带来了希望。每年举办优秀学员不少于 15 天的全封闭的高级教师培训，让布基纳法索职业培训中心的教师更好地提升专业素养。优秀学员赴华培训更是帮助布基纳法索在国际化人才培育方面拓展了新的途径。

（三）中布职业教育合作项目课程标准的国际化

课程标准国际化是职业教育国际化的重要环节，决定了职业教育的教学内容。中布职业教育合作项目团队积极推动布基纳法索职业教育标准建设，指导其建立国家专业教学标准，对接职业标准开发专业课程体系，开发课程标准和教材，建立职业院校教师准入制度。项目团队在布基纳法索教学课程标准国际化的课程标准开发中，基于布基纳法索职业培训中心学生的能力本位，优化教学内容，融入国际化职业课程标准，整合重组"学做一体、工学结合"的职业课程标准。同时，结合课程内容和实训条件，开发符合布基纳法索需要的国际化标准教材，建设课程配套教学资源。

在课程建设中，项目团队针对在布基纳法索开展教学培训的 6 个专业，结合对应的国际化行业标准及就业要求，开发了具有专业特色的国际化课程体系。其中，数控与模具专业以深化"工学结合"培养模式改革为突破口，强化学生职业道德和职业素质培养，突出教学过程的实践性、开放性和职业性。项目团队通过协助博博迪乌拉索工业职业培训中心开办校内工厂，与行业、企业深入合作，围绕企业生产对人才的实际需求，依据数控与模具专业的内涵进行职业能力分析，按照"工学一体"的思想，以及数控与模具专业的典型工作任务和工作过程，分解职业能力要素，并以建立特色课程体系为教学改革思路，设计理论与实践教学对应的人才培养衔接图，合理规划基于能力本位理念的课程改革路线，形成具有专业特色的国际化职业课程标准。中布职业教育合作项目其他专业也都能够做到联合在布中资企业或华人商会等团体开展工学结合的教学模式，并结合布基纳法索的实际情况和需求，引导和帮助其建立国际化的课程标准。

三、中布职教教学课程标准建设
——以 6 个实践专业为例

中布职业教育合作项目开发的职业教育教学标准，是以国际化专业教学标准为基准，融合国际化教学资源、师资队伍、实训条件、技能大赛、国际合作交流项目等内容形成的五维联动体系。职业教育教学标准各要素之间互相联系、互相配合，共同围绕中布职教专业教学这一核心，形成"互动交流、联动协作、德技并修、工学结合"的"楚怡"现代职业教育育人实践模式。

中布职业教育合作项目第二期，涉及数控与模具、电工、汽车维修、计算机、卫生管道和机电一体化 6 个专业。结合布方职业培训中心的教学管理现状和需求。在中方专家组的主导下，联合布方教师共同开发设计 6 个专业的课程标准，有的放矢地建设在布基纳法索实践的重点专业，提升布方职业教育的教学管理能力和水平。

（一）数控与模具专业教学课程标准建设

中布职业教育合作项目团队针对布基纳法索数控与模具专业教学课程标

准建设组建了双方教师及专业翻译共同参与的课题组。依据布基纳法索职业培训中心数控与模具专业的实际教学需求，以及数控与模具专业的教学内容要求，分为机械常识、机械识图、钳工工艺与实施、焊接工艺与实施、机械制造基础、车削工艺与实施、数控编程与操作 7 个模块进行编写。在编写每个专业模块时，都借鉴了"楚怡"职教课程标准经验。课题组从课程概述、课程定位、课程内容、课程资源标准、课程考核和课程实施建议 6 个方面编写了体系完善、可执行性强的专业教学课程标准。

（二）电工专业教学课程标准建设

中布职业教育合作项目团队针对布基纳法索电工专业教学课程标准建设组建了双方教师及专业翻译共同参与的课题组。依据布基纳法索职业培训中心电工专业的实际教学需求，以及电工专业的教学内容要求，分为低压电工作业、模拟电路、数字电路、电工设备、PLC 技术 5 个模块进行编写。在编写每个专业模块时，都借鉴了"楚怡"职教课程标准经验。课题组从课程概述、课程定位、课程内容、课程资源标准、课程考核和课程实施建议 6 个方面编写了体系完善、可执行性强的专业教学课程标准。

（三）汽车维修专业教学课程标准建设

中布职业教育合作项目团队针对布基纳法索汽车维修专业教学课程标准建设组建了双方教师及专业翻译共同参与的课题组。依据布基纳法索职业培训中心汽车的维修专业实际教学需求，以及汽车维修专业的教学内容要求，分为汽车机械基础、汽车保养与维护、汽车发动机机械系统检测、汽车底盘检修、发动机电控系统检修、汽车电工技术、汽车电器与电子系统诊断与修复、汽车发动机电工系统诊断与修复、汽车空调检查与维护 9 个模块进行编写。在编写每个专业模块时，都借鉴了"楚怡"职教课程标准经验。课题组从课程概述、课程定位、课程内容、课程资源标准、课程考核和课程实施建议6个方面编写了体系完善、可执行性强的专业教学课程标准。

（四）计算机专业教学课程标准建设

中布职业教育合作项目团队针对布基纳法索计算机专业教学课程标准建设组建了双方教师及专业翻译共同参与的课题组。依据布基纳法索职业培训中心计算机专业的实际教学需求，以及计算机专业的教学内容要求，分为计算机组装与维护、计算机网络、OFFICE办公软件应用、网页设计4个模块进行编写。在编写每个专业模块时，都借鉴了"楚怡"职教课程标准经验。课题组从课程概述、课程定位、课程内容、课程资源标准、课程考核和课程实施建议6个方面编写了体系完善、可执行性强的专业教学课程标准。

（五）卫生管道专业教学课程标准建设

中布职业教育合作项目团队针对布基纳法索卫生管道专业教学课程标准建设组建了双方教师及专业翻译共同参与的课题组。依据布基纳法索职业培训中心卫生管道专业的实际教学需求，以及卫生管道专业的教学内容要求，分为给排水工程制图、水处理技术、给排水管网系统、建筑给排水系统、给排水施工技术5个模块进行编写。在编写每个专业模块时，都借鉴了"楚怡"职教课程标准经验。课题组从课程概述、课程定位、课程内容、课程资源标准、课程考核和课程实施建议6个方面编写了体系完善、可执行性强的专业教学课程标准。

（六）机电一体化专业教学课程标准建设

中布职业教育合作项目团队针对布基纳法索机电一体化专业教学课程标准建设组建了双方教师及专业翻译共同参与的课题组。依据布基纳法索职业培训中心机电一体化专业的实际教学需求，以及机电一体化专业的教学内容要求，分为电工电子技术基础与技能、机械基础、机械识图与CAD实用技术、可编程控制器应用技术PLC项目教程、气动与液压传动5个模块进行编写。在编写每个专业模块时，都借鉴了"楚怡"职教课程标准经验。课题组从课程概述、课程定位、课程内容、课程资源标准、课程考核和课程实施建议6个方面编写了体系完善、可执行性强的专业教学课程标准。

第六章

中布职业教育合作职业技能大赛

职业教育在中布合作、中非命运共同体建设乃至人类命运共同体建设的过程中起到了不可替代的作用。将"楚怡"职教精神植入中布职业教育合作项目团队与布基纳法索青职部合作举办的布基纳法索全国职业技能大赛，可以助推中国职业教育走出国门，走向世界；可以培养布基纳法索职业技能人才的爱国品质、求知品质、创业品质、兴工品质，实现职业教育的创新，提升布基纳法索职业技能人才的培养效果。

职业技能大赛对职业教育发展的影响力不断提升，育人作用日趋明显。全国职业技能大赛是布基纳法索各职业培训中心深度展示其教学成果的重要形式，也是提升布基纳法索技能人才素质的重要途径，同时也能够为国家、社会及相关企业培养高技能复合型技术人才。近年来，随着中布职业教育合作的不断深化，布基纳法索全国职业技能大赛吸引了当地社会各界的广泛关注，同时也极大地推动了布基纳法索职业教育的发展。全国职业技能大赛的开展，不仅能够培养学生的社会实践技能，还能提升学生的综合素养，从而为社会培养出更多高技能复合型技术人才，同时也能促进教师对专业技能的深度挖掘，加强职业技能实践，促进师生共同成长。全国职业技能大赛已经成为衡量布基纳法索职业培训中心办学质量的重要标杆，可以引领布基纳法索和非洲其他国家开展多种教学改革和实践创新。

一、中布职业教育合作职业技能大赛方案

（一）赛项规程编制规定

为贯彻公开、公平、公正的比赛原则，保证赛项的规范性和透明度，让

参赛职业培训中心、指导教师和选手全面、准确地了解竞赛项目，作出以下规定。

1. 赛项规程编制的基本依据

在大赛执委会领导下，中布职业教育合作项目团队遵循全国职业技能大赛相关制度，以布基纳法索国家职业教育教学标准、职业技能等级标准等为参考，编制赛项规程。中布职业教育合作项目团队为赛项规程编制的第一责任人。

2. 赛项规程编制的基本原则

赛项规程编制应遵循公开、公平和公正的原则，竞赛设计科学合理，内容阐述清晰翔实。

公开：赛项规程中能公开的内容应全部公开，如竞赛内容与时间、竞赛方式、竞赛规则、竞赛环境、技术规范、技术平台、赛卷或赛题库、评分标准和方法等，让参赛队和参赛选手提前了解赛项。

公平：赛项规程应充分体现公平，让各参赛队和参赛选手在同一平台、同等条件下公平竞赛。

公正：在成绩评定与公布、裁判聘用与执裁、工作人员须知等方面，赛项规程应全面贯彻公正原则。

赛项规程是赛项组织实施的依据。赛项规程发布后，因特殊情况需要变更，须经大赛执委会办公室批准。

3. 赛项规程编制的基本内容和要求

（1）赛项名称。

阐明竞赛内容的专用名称。本条款中应具有赛项编号、赛项名称、赛项组别及赛项所属产业类别。赛项英语名称应进行规范翻译。

（2）竞赛目的。

围绕引领职业培训中心专业建设与课程改革，促进产教融合、校企合作、产业发展，展示职教改革成果及师生良好精神面貌等方面阐明赛项设计的目的和意义。

（3）竞赛内容。

详细描述赛项涵盖的知识、技能，明确创新、创意的范围与方向。本条款中应对竞赛时长、竞赛内容的组成与成绩比例作明确的规定。选择竞赛内容及确定成绩比例时，应体现选手职业精神，把握好竞赛成绩的区分度。

（4）竞赛流程。

应用表格和流程图说明竞赛日程、比赛场次的安排及参赛选手的竞技过程。

（5）竞赛规则。

阐明赛项的具体规定，应包括参赛选手报名、熟悉场地、正式比赛、成绩评定与结果公布等赛事活动中组织管理人员、选手、裁判、工作人员等共同遵守的规定。竞赛规则须遵循大赛执委会公布的制度。

（6）竞赛环境。

详细说明竞赛环境（不含竞赛的技术规范和技术平台）。

（7）技术规范。

指赛项所属产业或覆盖行业中已经颁布实施、处在有效期内的标准与规范。引用的国际、国家、行业技术、职业资格标准与规范应书写完整的名称及代码；业内公认的设备使用与操作规范、操控人员应具备的基础技术、知识与技能、生产工艺等要求应作详细的描述。

（8）技术平台。

赛项所用技术平台应翔实描述设备的技术参数、工装器具的技术规格、软件版本号等信息。

（9）成绩评定。

公开赛项评分标准和评分方式，赛项最终得分按百分制统计。成绩评定必须在公开、公平、公正、独立、透明的条件下进行。

赛项评分标准须科学、合理。阐述要全面、详细，应包括全部比赛环节，以及每个环节考核哪些知识点和技能点、每个知识点和技能点成绩如何评定等。评分标准与竞赛内容应完全一致。

详细说明赛项评分方式，包括裁判员人数、裁判评分方法、成绩产生方法、成绩审核方法、成绩公布方法等。

（10）赛项安全。

阐述赛场组织与管理人员、裁判员、参赛人员等应注意的安全事项和应落实的安全措施。

（11）竞赛须知。

分别阐述参赛队、指导教师、参赛选手、工作人员等应注意的重点事项。对参赛队重点说明参赛选手是否需要购买保险，对指导教师重点说明带队和指导要求，对参赛选手重点说明比赛纪律和仪表仪容，对工作人员重点说明工作规范和纪律等。

（12）申诉与仲裁。

按照《中布院校技能大赛制度汇编》中的相关制度，阐述对比赛过程中有失公正的现象或有关人员的违规行为进行申诉和仲裁的方法。

（13）竞赛观摩。

说明赛项公开观摩的时间与形式，结合赛项的特点提出观摩时应遵守的纪律等要求。所有赛项都应合理安排现场直播方式的公开观摩。

（14）竞赛直播。

阐述除抽签外，对比赛全过程、全方位直播的形式和方法。

（二）赛项承办管理办法

为充分发挥地方职教资源、产业和政策优势，推动布基纳法索职业教育的交流、学习、借鉴和发展，建立以竞争方式确定赛项承办地的机制。

1. 申报和遴选

（1）申报单位。

布基纳法索各职业培训中心可根据当地的实际情况，提出设立赛区申请。

（2）申报要求。

第一，各赛区须制订赛项承办方案和赛事宣传工作方案。赛项承办方案应包含邀请国（境）外学生、教师、行业企业代表等有关人员观摩、体验比赛的内容。

第二，各赛区须制订应对各类突发事件的完备预案，包括比赛中因竞赛平台、设备、电力等出现问题的应急处理机制和预案。

第三，各赛区举办的比赛须在大赛要求的规定时间段内全部完成。

第四，各赛区须落实赛项补助经费，保障赛项顺利举办。

（3）遴选原则。

第一，采取赛区制，赛区通过择优遴选和协商方式产生。

第二，职业培训中心优势专业及当地优势产业与赛项内容相关度高。

第三，各赛区中，同一职业培训中心同一届大赛承办赛项不超过2个；新承办比赛的职业培训中心当届大赛承办赛项不超过1个。

第四，各赛区中，同一职业培训中心承办同一赛项连续不超过2届。优先考虑赛项承办职业培训中心第二年对同一赛项的承办申请。

除遵循以上规则外，适当考虑各职业培训中心对大赛的支持力度和贡献程度。

2. 基本条件

申请设立赛区的职业培训中心应遵循大赛理念，遵守大赛制度，服从全国职业技能大赛组委会、执委会的领导，最好具备成功举办类似技能竞赛的经验。同时，还应具备以下基本条件。

（1）专业建设水平领先。

与所申报承办赛项相关的专业具有一流的师资和实训条件。

（2）具备良好的产业环境。

所申报的赛项与当地的优势产业相吻合，职业培训中心与当地企业具有良好的校企合作关系。

（3）具备较强的接待能力。

区位优势明显，交通便捷。赛点周围宾馆数量充足、住宿环境良好，能够满足来宾、专家、裁判和参赛选手的住宿需求。

（4）具有较强的组织保障能力。

成立由职业培训中心领导牵头、相关职能部门参与的赛项组织保障工作组。编制周密完善的赛事组织方案，设置赛项宣传组、赛项现场组、赛项联络组、后勤保障组、赛项接待组等职能小组。有完备的应急工作预案，包括各类安全事件和比赛过程中突发事件的应急工作预案。

（5）具备开放办赛和现场直播条件。

能够做到在不影响比赛的前提下，全过程、全方位安排现场直播，并设直播观摩区让所有参赛师生和社会人员观看比赛。具备网上直播条件的优先考虑。

（6）能全方位宣传大赛。

能邀请到布基纳法索国家级、省级、市级媒体，通过网络、电视、报刊等多种途径对大赛进行赛前、赛中、赛后全过程的宣传报道。

（三）承办工作要求

1. 赛前准备工作

（1）赛场准备工作。

第一，场地安排。根据各赛区参赛人数、分组竞赛要求，提供宽裕的比赛场地。同时，赛场能满足视频监控无死角的要求。

第二，设备设施准备。根据赛项实施方案，对比赛用设施设备进行全面检查，确保设施设备数量充足，性能完好，满足比赛要求并配有备用设备。

第三，赛场环境设计。安排赛位，配备比赛可能需要的水、电、气等。

（2）后勤保障工作。

安排专人负责接送站、食品卫生、住宿、交通、赛项联络等各项工作。组织并培训数量充足、素质优良的志愿者队伍，做到每个参赛队都有志愿者全程服务，每个环节都配有专人负责并在岗。

（3）宣传工作。

成立宣传报道工作组，编制赛项宣传方案。安排专人负责与布基纳法索国家级、省级、市级有关媒体的联系。通过新闻发布会、电视、报刊、网站等形式向社会宣传全国职业技能大赛，为赛项的成功举办创设良好的舆论氛围。

（4）赛项经费管理。

会同赛项执委会编制赛项经费预算，严格执行赛项经费管理制度和赛项经费预算安排，确保赛项顺利实施。

（5）编制工作预案。

编制车辆安全措施应急预案、食品安全措施应急预案、火灾安全事故紧急处理预案、伤害事故紧急处理预案、设备事故紧急处理预案，电力供应事故紧急处理预案等。对各种可能出现的突发状况进行事先演练，确保赛项顺利实施。

（6）人员要求。

根据赛项方案，对每个工作小组人员，尤其是现场竞赛组工作人员和志愿者进行赛前培训，使参与大赛的所有工作人员都熟悉整个赛事日程，明确各自分工。

2. 比赛期间工作

第一，志愿者要提前与专家、裁判员、监督仲裁员和各参赛队取得联系。确保裁判员、监督仲裁员、领队、参赛选手的住宿环境舒适和出行交通便利，并在报到的第一时间提供大赛指南，提醒并告知各相关会议及比赛时间、地点。

第二，比赛现场工作人员到岗尽职。提供后勤保障的相关工作人员到位，确保竞赛过程中水、电、气、耗材用品等的连续供应，并做好应对突发事件的准备；现场竞赛组工作人员和设备维护人员协助裁判员做好抽签、技术保障等工作，并明确工作纪律；工作人员听从裁判长指挥，协助维持好比赛现场秩序。

第三，合理安排其他同期活动。在比赛期间，采用多种形式展示布基纳法索职业教育发展改革成果，如校企合作成果展示，相关企业在比赛相关场所开辟实践教学物品陈列点、教学演示点、操作体验点等；教师教学成果展示，体现相应专业最新课程改革成效的教学软件、教学设计、教学设备等；学生技能作品、创意作品的展示；邀请行业、企业专家做专题报告，介绍行业、产业发展对技术技能型人才和创新型人才培养的新要求。

第四，赛项全过程宣传。联系布基纳法索全国著名报刊、电视、广播、网络等新闻媒体对大赛概况、进展情况、主题活动、获奖选手、重要动态等进行宣传报道；开设校园专题网站进行网络宣传；采集音、视频资料，制作赛项宣传短片，多途径、全方位地对全国职业技能大赛进行宣传报道。

3. 赛后相关工作

（1）赛项原始文件和过程性文件的存档与报备。

（2）整理上报赛项宣传资料。

（3）撰写总结报告，并向赛项执委会推荐优秀工作者。

（4）做好赛项经费决算，委托会计师事务所对赛项收支情况进行审计。

（四）成绩管理办法

为贯彻公开、公平、公正的原则，促进成绩管理的规范化和科学化，对大赛成绩管理作出以下规定。

1. 组织分工

（1）参与赛项成绩管理的组织机构包括检录组、裁判组、监督仲裁组等。

（2）检录组负责对参赛队伍（选手）进行点名登记、身份核对等工作。检录工作由赛项承办方的工作人员承担。

（3）裁判组实行"裁判长负责制"，设裁判长 1 名，全面负责赛项的裁判与管理工作。

（4）裁判员根据比赛需要分为加密裁判、现场裁判和评分裁判，具体工作职责见中布职业教育合作项目团队编写的《全国职业技能大赛专家和裁判工作管理办法》。

（5）监督仲裁组负责对赛项工作进行全程监督，并对竞赛成绩抽检复核；接受由参赛队领队提出的对裁判结果的书面申诉，组织复议并及时反馈复议结果。

2. 检录加密

（1）检录。

由检录工作人员依照检录表进行点名核对，在检查确定无误后向裁判长递交检录单。

（2）加密。

所有比赛项目在比赛的当天进行两次加密，加密后参赛选手中途不得擅自离开赛场。分别由两组加密裁判组织实施加密工作，管理加密结果。监督仲裁员全程监督加密过程。所有加密结果密封袋的封条须由相应的加密裁判和监督仲裁员签字。密封袋在监督仲裁员监督下由加密裁判放置于保密室的保险柜中保存。

（3）引导。

参赛选手凭赛位号进入赛场，不得携带其他显示个人身份信息和违规的物品。现场裁判负责引导参赛队伍（选手）至赛位前等待竞赛指令。比赛开始前，在没有裁判允许的情况下，严禁随意触碰竞赛设施和阅读赛卷内容。所有参赛队伍（选手）比赛中途不得离开赛场。

3. 成绩评定

成绩评定是指根据竞赛考核目标、内容和要求对参赛队伍（选手）的竞赛表现和最终作品作出评价。评分方法分为现场评分、过程评分和结果评分三类，各赛项、模块的评分必须按规定的评分方法实施，特殊情况必须由赛项执委会向大赛组委会报批。成绩评定过程中的所有评分材料须由相应评分裁判签字确认，更正成绩需经裁判本人、裁判长及监督仲裁组长在更正处签字。

（1）现场评分。

现场评分是指评分裁判依据评分标准对参赛队伍（选手）的现场技能展

示独立评分、同步亮分并现场公布得分的评分方法。

（2）过程评分。

过程评分是指根据参赛队伍（选手）在分步操作过程中的规范性、合理性以及完成质量等，评分裁判依据评分标准按步给分并加权汇总的评分方法。

（3）结果评分。

结果评分是指评分裁判对参赛队伍（选手）提交的竞赛作品，依据赛项评价标准判分的评分方法。竞赛作品可以是实物作品、影像作品、虚拟成果等多种类型。按竞赛作品类型还可分为客观评分和主观评分。

竞赛期间的成绩管理，须严格遵循成绩管理保密规定。安排专门人员分发、收取竞赛评分表，尽量减少中间人员的接触。成绩统计核算点，在不影响赛项实施的情况下，应就近设置在竞赛场地内。

（五）专家工作管理

1. 专家工作组职责

赛项专家工作组在大赛执委会领导下开展工作，负责本赛项技术文件编撰、竞赛命题、赛场设计、设备拟定、赛项裁判人员培训、赛项说明会组织、赛项安全预案制订、赛事咨询、教学成果展示体验、赛事观摩、赛事宣传方案设计、竞赛成绩分析、赛事技术点评、赛事成果转化以及赛项执委会安排的其他竞赛技术工作。

赛项专家工作组要积极指导、支持裁判工作，不进入比赛现场，不得影响或干扰裁判独立履行裁判职责。

2. 专家遴选基本条件

（1）热爱本职工作，具有良好的职业道德和心理素质，坚持原则，作风正派，认真负责，廉洁公正。

（2）在相关专业领域有较深造诣，熟悉赛项对应的技术标准和专业教学标准，熟悉职业教育和竞赛工作。专家组成员原则上应具有高级专业技术职称（含高级技师职业资格）。

3．裁判工作管理

全国职业技能大赛以赛项为单位设立裁判组，裁判组接受赛项执委会的协调和指导。

（1）裁判工作职责。

根据工作需要，裁判组由加密裁判、现场裁判、评分裁判和裁判长共同组成。

加密裁判负责组织参赛队伍（选手）抽签并对参赛队伍（选手）的信息进行加密、解密。加密裁判不得参与评分工作。

现场裁判按规定维护赛场纪律，按操作规范做好赛场记录，填写赛场情况记录表。对参赛队伍（选手）的现场及环境安全负责。

评分裁判负责对参赛队伍（选手）的技能展示、操作规范和竞赛作品等按赛项评分标准进行评定。

裁判在工作期间应严格履行裁判工作管理规定，认真填写《全国职业技能大赛裁判工作手册》，该手册与《全国职业技能大赛专家工作手册》于赛项结束后一同移交承办校封存，以备赛后检查。

（2）裁判遴选基本条件。

第一，具有良好的职业道德和心理素质，严守竞赛纪律，服从组织安排，责任心强。

第二，现场裁判和评分裁判须从事赛项所涉及专业（职业）相关工作5年以上（含5年），具备深厚的专业理论知识和较高的实践技能水平，熟悉职业教育和大赛工作，原则上应具有副高及以上专业技术职称或高级技师职业资格，具有省级或行业职业技能竞赛执裁经验。

第三，有较强的组织协调能力和临场应变能力。

（3）裁判工作流程与内容。

第一，赛前培训。裁判组要在裁判长的领导下，根据赛项执委会和赛项专家工作组的要求，参加赛前培训，认真学习赛项规程，熟悉比赛规则、注意事项和技术装备，统一执裁标准，提高执裁水平。除成熟赛项做好例行性培训外，新增赛项应根据自身的特点加强培训。在执行《全国职业技能大赛成绩管理办法》方面，除了进行制度宣讲培训外，应将相关人员组织在一起，进行综合模拟演训，确保检录加密、成绩评定、抽检复核、解密、公布、成绩报送等工作没有疏漏及错误，严禁违反程序进行成绩管理。

第二，赛场检查。在赛项执委会和赛项专家工作组的安排下，裁判执裁前要对赛场进行检查，做好执裁的准备工作。

第三，现场执裁。在裁判长的领导下，依据相关规定进行现场执裁，做好竞赛监督、检查工作，维护赛场秩序，保证竞赛顺利进行。

第四，评审、评判比赛结果。按照评分标准，对竞赛结果进行评审、评判。评审、评判要客观、公正，标准要统一。

第五，工作总结。裁判人员在执裁赛项之后，要在裁判长的组织下进行赛事总结，由裁判长汇总后形成赛项裁判组总结与建议，提交赛项执委会和大赛执委会。

（六）设备与设施管理办法

为保证全国职业技能大赛各赛项有序、安全进行，要进一步强化赛项设备与设施管理。

1. 基本要求

（1）赛场用光不应低于行业标准要求。在自然通风达不到要求的情况下，应采取强制通风，确保赛场温度、湿度适宜。

（2）采取必要的物理性隔离，确保参赛队伍（选手）之间互不干扰，配备稳定的水、电、气和应急供电设备，设置消防逃生通道。

（3）依据竞赛需求和行业特点设计竞赛环境，涉及国家管控物品（易燃、易爆、化工、药品、有毒等）的赛项应遵照行业规范，有发生事故可能的，应制订应急预案，做好预防措施。

（4）具备赛场直播设备和实地观摩条件，能确保社会各界人士观看比赛全过程。

2. 竞赛主要设备与软件的选定与管理

（1）竞赛用设备与软件，应根据赛项竞赛规程确定，通过公开竞标等方式选定。

（2）各赛项设计、申报及竞赛规程等文件中都应明确说明赛场容量。

（3）各赛项应选择相对先进、通用性强、社会保有量高的设备与软件，多平台赛项的同类竞赛设备的各项技术参数要尽量相同或者相近。

（4）竞赛过程中使用的器材（设备、软件、材料等）要按照竞赛规程的要求进行准备。比赛前，赛项专家工作组须对赛项平台进行测试、验收（并签字）；准备完成后、正式开赛前交由裁判组管理，赛项执委会认为必要时，可以进行赛场试运行。裁判组应按照竞赛规程做好竞赛设备、软件的检验，并与专家组、合作企业共同制订由于设备、软件等出现故障影响比赛的应急预案，在比赛过程中按照预案处理突发事件，同时做好现场记录。

（七）赛场布置

第一，贯彻赛场集中、赛位独立的原则。保证竞赛氛围，确保选手不受外界影响，独立竞赛。在保证大赛安全有序进行的前提条件下，采用多种方式开放办赛。

第二，卫生间、医疗服务、维修服务、生活补给和垃圾分类回收都应设置在警戒范围内，采取有效措施，避免选手与外界交换信息、串通作弊。

第三，赛场设置安全通道和警戒线，确保参观、采访、视察人员进入赛场后在规定的安全区域内活动。

第四，赛场应进行周密设计，绘出赛事管理、引导、指示用途的平面图。图上应标明安全出口、消防通道、警戒区、紧急事件发生时的疏散通道等。竞赛举行期间，在竞赛场所、人员密集的地方张贴。

第五，赛场使用的标注、标识应统一设计，并按规定使用预先设计好的大赛标注、标识图案。赛场各赛位、功能区域等处应具有清晰的标注与标识。

（八）资源转化工作办法

为进一步加强全国职业技能大赛对职业教育教学改革与专业发展的引领作用，发挥全国职业技能大赛对高素质技术技能人才培养的促进作用，大赛坚持资源转化与赛项筹办统筹设计、协调实施、相互驱动，将竞赛内容转化为教学资源，推动大赛成果在专业教学领域推广和应用。做好全国职业技能大赛资源转化工作，应做到以下几点。

1. 实施主体

赛项资源转化工作由赛项执委会负责。各赛项申报单位根据赛项要求和各赛项技能考核特点开展并推进资源转化工作。赛项资源转化方案按要求与赛项规程同时公布；资源转化实施方案于赛后 30 日内向赛项执委会办公室提交。新赛项在三个月内基本完成资源转化工作，而特殊赛项原则上不超过半年，老赛项须及时进行资源的补充和完善。

2．基本要求

赛项资源转化成果应对接产业发展、符合行业标准、契合生产或工作过程、突出技能特色、展现竞赛优势、满足职业教育教学需求、体现先进教学模式、反映职业教育先进水平。

3．基本资源

（1）风采展示。

赛后即时制作时长 15 分钟左右的赛项宣传片，以及时长 10 分钟左右的获奖代表队（选手）的风采展示片，供专业媒体进行宣传。

（2）技能概要。

包括技能介绍、技能操作要点、评价指标等。

（3）教学资源。

教学资源充分涵盖赛项内容。赛项内容资源可单独列出，也可融入各教学单元。教学资源包括教学方案、训练指导、作业/任务、实验/实训/实习资源等，其呈现形式可以是演示文稿、图片、视频、动画及相关微课程、微资源等。鼓励成熟赛项开发数字化专业教材、技能训练指导书等，并正式出版发行，作为教学工具书。

（4）拓展资源。

拓展资源是指反映技能特色，可应用于各教学与训练环节，支持技能教学和学习过程的较为成熟的多样性辅助资源，如点评视频、访谈视频、赛题库、案例库、素材资源库等。

（5）版权归属。

各赛项资源转化成果的版权由大赛执委会和赛项执委会共享。

4. 使用与管理

成熟的资源转化成果发布于全国职业技能大赛网络信息管理平台、各职业培训中心教育网或专业教学资源库等平台。各赛项执委会根据大赛执委会的统一要求，加大推广力度，鼓励职业培训中心师生、企业员工及社会学习者学习使用赛项资源转化成果。各职业培训中心应积极将赛项资源转化成果融入教学过程，强化实践教学，锤炼工匠精神，提升布基纳法索职业培训中心的人才培养水平。

二、中布职业教育合作职业技能大赛的实施

（一）布基纳法索第一届全国职业技能大赛

2019年，中布职业教育合作项目团队和布基纳法索青职部联合举办了布基纳法索第一届全国职业技能大赛。中方专家组根据布方职业教育的实际情况设计大赛整体方案，分享中国职业技能大赛的经验，从确定大赛流程到正式开幕，前后历时5个月。布基纳法索第一届全国职业技能大赛开赛专业有5个，分别是数控与模具、机电一体化、汽车维修、电工和面包糕点制作，近100名选手参加了决赛。中方专家组克服各种困难与挑战，与布方通力配合，以"授人以鱼不如授人以渔"为宗旨，用心开展"传、帮、带"，让大赛

从无到有，也让布基纳法索从此告别了没有全国性的职业技能比赛的历史，正式迈出了冲击世界职业技能大赛的全新步伐。

"感谢中国，感谢湖南，感谢湖南外贸职业学院。"这是布基纳法索青职部蒂姆托雷部长在全国职业技能大赛颁奖典礼上发自内心的三声感谢。本次大赛开创了布基纳法索先河，也展现了湖南先进的职教理念、成熟的职业技能竞赛经验，贡献了湖南智慧，深化了中布职业教育合作。

（二）布基纳法索第二届全国职业技能大赛

2021 年 7 月 22 日，由第二期中布职业教育合作项目团队同布基纳法索青职部联合举办的第二届全国职业技能大赛开幕式在金亚雷职业培训中心举行。青职部技术顾问欧德拉戈·萨拉姆、青年就业与计划安置署负责人马户、第二期中布职业教育合作项目专家组组长郭长明出席启动仪式，全国职业技能大赛组委会成员单位、联办单位的教师及其他相关单位的代表参加了启动仪式。

欧德拉戈·萨拉姆在讲话中强调，职业教育关乎布基纳法索青年创业、就业等民生问题，各方面要高度重视，同时对中方提供的支持和帮助表示感谢。他表示，此次组委会举办的活动将开展为期三天的讨论，就活动主题、参赛专业、活动流程、候选者名单等内容制订方案。希望参赛学生不仅能从竞赛中获得职业能力的提升，更能收获中方专家带来的职业教育新视野、新思路和新理念。

郭长明代表中方专家组介绍了中国职业技能大赛的发展过程和现状。中国职业技能大赛经过不断创新，活动越来越丰富，效果越来越显著，规模效益逐步显现。近年来，中国在职业教育领域，通过各类职业技能大赛促进"产教融合"改革，提升职业院校师生专业能力水平，促进职业教育高质量发展。中方专家组希望通过指导布方构建完善、系统的职业技能大赛体系，进一步发挥布基纳法索职业培训中心在青年就业、创业方面的积极作用。

最后,欧德拉戈·萨拉姆表示,希望本届大赛的参赛选手们,用强大的实力和拼搏的精神,一展风采、勇创佳绩,为布基纳法索职业教育事业添砖加瓦,为布基纳法索青年人才的就业、创业树立榜样。

布基纳法索第二届全国职业技能大赛的赛程共计三天,设有计算机、美容美发、制衣与缝纫、电子电工、机电一体化和数控与模具 6 个专业的比赛,共计 67 名参赛选手参加决赛。每个专业评选出前三名,第一名获得 50 万西非法郎(约合 6 000 元人民币)的奖学金。

中方专家组对此次全国职业技能大赛的竞赛框架文件进行了修订和完善,并在赛前讨论会上分享了中国和湖南职业技能大赛的相关经验。湘外院职教专家指导的数控与模具、机电一体化和计算机专业的学生在本次比赛中获得多个一、二等奖。博博迪乌拉索工业职业培训中心副校长迪戈-穆罕默德·阿里对本校参赛选手取得的成绩非常满意,并表示这离不开中方专家组的努力。

2021 年 12 月 3 日,布基纳法索第二届全国职业技能大赛闭幕式暨颁奖典礼在博博迪乌拉索工业职业培训中心举行。布基纳法索青职部参事宗格拉那-让·巴提斯,博博迪乌拉索市副市长阿兰·萨努,地区组委会主席那蓬萨努·劳伦希尔,湘外院专家组代表,布基纳法索各职业培训中心校长,多个地方政府参事代表,各参赛选手,学生及家长代表等 500 余人参加了本次闭幕式。

博博迪乌拉索市副市长首先发表讲话,向全国各地来到博博迪乌拉索市参加比赛与颁奖典礼的选手与官员表示欢迎,向获奖选手表示祝贺。他对中国政府对布基纳法索的鼎力相助表示感谢,他表示,布基纳法索能够举办全国职业技能大赛,离不开中国政府以及中国专家的帮助。

青职部参事代表部长发表讲话,阐释了两届全国职业技能大赛对布基纳法索的意义和作用:激发青年人的创造和创新能力,培养拥有一技之长的青年，改善失业与劳动力不足的问题。同时，职业技能培训有助于促进布基纳法索青年人的就业能力，更有助于减少国家贫困和社会紧张形势。他同时向中方专家组表示了感谢，也希望布基纳法索能在中国的帮助下参与国际职业技能大赛。最后，他鼓励布基纳法索各职业培训中心的师生持之以恒，创新奋斗，承诺国家将对他们提供政策支持，使职业教育更好地为国家建设和促进社会发展发挥作用。

中方专家组副组长黄艺成宣读了中国驻布基纳法索大使李健的贺信。李健大使表示，帮助布基纳法索举办全国职业技能大赛和提供职业教育支持，为布基纳法索选拔有才能、有创造力的青年非常重要，可以培养出更多有专业技能的青年，有力提升职业教育发展水平，促进布基纳法索的发展。中国在职业教育领域和布基纳法索进行合作，不仅提供了大量物资与资金支持，还选派了专家组，参与到布基纳法索各职业培训中心的教学管理中。中国将会一如既往地支持布基纳法索的职业教育发展，促进青年人就业、创业，提升布基纳法索职业教育的影响力。他还对获奖选手致以祝贺，希望他们有机会参加 2022 年在上海举办的世界技能大赛。

三、中布职业教育合作职业技能大赛存在的主要问题与策略思考

中布职业教育合作的一项重要活动就是举办布基纳法索全国职业技能大赛。全国职业技能大赛是助推布基纳法索技能人才培养选拔、促进优秀技能人才脱颖而出的重要途径，是弘扬工匠精神、培育国之工匠的重要手段，可以有效促进布基纳法索青年人就业、创业。作为促进学生成长成才的重要平台，

布基纳法索全国职业技能大赛紧密围绕国家产业发展的实际需求设置竞赛项目,以实际行动服务和支撑产业发展,为行业企业提供生产一线急需的技能型人才。

但是随着中布职业教育合作的深入开展与实践检验,布基纳法全国职业技能大赛正逐渐暴露出一些问题,如各职业培训中心参赛动机功利化严重、竞赛式教学趋势明显、教育资源分配不均等。全国职业技能大赛如何更切实有效地促进布基纳法索职业教育教学改革和人才培养,如何有效推动布基纳法索职业教育体系的建立,如何更好地促进青年人就业、创业,已成为中布职业教育合作的重要课题,只有直击痛点解决存在的问题,全国职业技能大赛才能不忘初心,继续前行。在指导布基纳法索举办全国职业技能大赛的过程中,笔者发现一些问题,并针对这些问题提出相应的对策。

(一)职业技能大赛存在的主要问题

1. 专业覆盖面问题

2018年举办的布基纳法索第一届全国职业技能大赛,开赛专业仅有5个,甚至都不能完整覆盖一个专业大类。而从布基纳法索全国14所职业培训中心的专业开设情况来看,专业最多的职业培训中心开设有11个专业,涉及能源动力与材料大类、土木建筑大类、电子信息大类、食品药品与粮食大类等多个专业大类。2021年举办的布基纳法索第二届全国职业技能大赛,虽较第一届比赛增设了2个专业,但仍未覆盖更多的专业大类,导致较多专业的学生无法参加比赛,进而降低了全国职业技能大赛的影响力。

2. 经费问题

布基纳法索全国职业技能大赛是国家级的比赛,必须要在竞赛场地、设施设备、软件程序、比赛流程等方面实现统一化、标准化。但是据中方专家组在布基纳法索开展职业教育合作期间了解的情况来看，布基纳法索没有一所职业培训中心能够提供统一、标准的竞赛场地和设施设备。中布职业教育合作背景下举办的两届全国职业技能大赛所使用的竞赛设备，全部由中布职业教育合作项目团队提供。由于中布职业教育合作项目整体经费有限，这些设备也仅能供少量专业开展竞赛，这就大大降低了布基纳法索全国职业技能大赛的效果。

3. 指导教师分派问题

布基纳法索的 14 所职业培训中心，大多一个专业仅有 1—2 名教师，他们要负责整个专业所有课程的理论、实训教学，这就导致师生比严重失调。这些教师只能勉强应付平时的教学授课，但在指导学生参加全国职业技能大赛的时候就会出现问题。全国职业技能大赛是国家级的专业技能竞赛活动，对指导教师的专业能力和实践能力要求极高。如果要取得好成绩，指导教师最好相对固定。若一个专业有多名参赛选手，就会出现部分参赛选手无指导教师的情况，从而影响参赛选手的成绩。

4. 正常教学与大赛培训相矛盾的问题

举办全国职业技能大赛的初衷是希望通过比赛促进教学改革，提升教学效果，扩大职业技能培训在布基纳法索青年人中的影响力。可见，"大赛成绩"不是职业培训中心人才培养的终级目标。职业培训中心在组织学生参与大赛培训时，不能让其完全脱离正常的学习环节。但由于竞赛内容与现有课程体系匹配度有限，部分职业培训中心为了取得好成绩，对参赛选手进行"封闭式停课训练"，让选手"一心一意"训练备赛，不参加任何课堂学习和课外活动。这种"为大赛而大赛"的做法与举办大赛的初衷相悖，更与职业培训中心的人才培养目标相左，甚至可能成为限制布基纳法索职业教育发展的因素。

5. 错误竞赛观问题

中布职业教育合作项目团队专家组发现，因为承办全国职业技能大赛的职业培训中心可以在赛后获得赛项设备的所有权和资源的倾斜支持，获奖的参赛选手可以获得高额的奖金，因此，在部分职业培训中心中出现了"比赛高于一切""以比赛内容代替教学内容""为比赛而学习""名次是评价教学水平的唯一标准"等错误的竞赛观。这些极端认知使得部分职业培训中心的教师和学生，乃至学校领导不能正确看待全国职业技能大赛与教学改革、人才培养的关系。

（二）职业技能大赛有效促进教学改革和人才培养的对策

妥善处理职业技能大赛和专业教学之间的关系，是职业技能大赛促进职业教育教学改革和人才培养水平提高的关键。要在摒除各种弊端的同时，充分挖掘职业技能大赛对教学改革的积极意义和内在价值。为使职业技能大赛更好地服务于布基纳法索经济社会发展、产教融合，服务于构建符合布基纳法索国情和具有布基纳法索特色的职业教育体系，助力布基纳法索职业教育与产业发展同步升级，现提出如下对策建议。

1. 宏观统筹，合理设定大赛覆盖面

基于中布职业教育合作项目开展实施以来，中方专家组通过参与布基纳法索职业培训中心的教学、管理等工作积累的经验，结合布基纳法索职业教育的实际情况，针对全国职业技能大赛专业覆盖面不足的问题，提出如下建议：今后应按专业大类开发和设置全国职业技能大赛的赛项，尽量相对完整地覆盖布基纳法索职业培训中心所有已开设专业；合理布局专业大类下的赛项数量，避免出现学生无法参赛的情况；科学统筹、细化专业分类，扩大全

国职业技能大赛专业覆盖面，扩大全国职业技能大赛在布基纳法索的影响力和知名度。

2. 引导企业参与大赛组办

举办全国职业技能大赛，是为了提升职业培训中心的教育教学效果，改进职业培训中心教学方式方法，最终的目的是为政府、企业等用人单位提供高素质的技术技能型人才。为了更好地提升全国职业技能大赛的举办效果，可以由布基纳法索政府引导企业参与全国职业技能大赛的组办，吸取社会资金、资源，缓解大赛经费不足的问题。同时，加强中布职业教育合作项目的推进，由中国政府提供更多的设施设备，用于提升布基纳法索全国职业技能大赛的竞赛水平。

3. 组建大赛指导团队，全面提升教师的指导水平

为避免参赛选手无指导教师或指导教师不足的情况出现，各职业培训中心要研究制定大赛指导的相关机制和办法，事先组建大赛指导团队。团队成员应尽量涵盖大多数专业指导教师，并且团队成员间要形成有效的交流、分享和互动模式，以帮助参赛选手顺利完成比赛。同时，还可以邀请企业技术能手、技术骨干指导参赛选手训练，提升参赛选手的成绩。

4. 重构课程体系，让大赛培训与正常教学相融合

为避免"为大赛而大赛"，各职业培训中心可以重构专业课程体系，让全国职业技能大赛的内容、培训过程真正融入职业培训中心的日常教学，规避"封闭式停课训练"的极端做法，促进全国职业技能大赛参赛选手的全面发展和专业人才培养目标的实现。

5. 加强教育引导，树立正确的竞赛观

布基纳法索职业教育主管部门要注重顶层设计和政策制定，加强关于全

国职业技能大赛的正确教育和引导，使各职业培训中心的广大师生树立正确的竞赛观，摒弃"唯大赛论"的观点，重新思考全国职业技能大赛与人才培养的关系，使全国职业技能大赛在促进教育教学改革和人才培养中的作用得到最大程度的发挥。

第七章

中布职业教育合作本土化
人才培养方案

一、中布职业教育合作本土化人才培养合作背景

中国和布基纳法索恢复外交关系后，在职业教育领域的合作也提到了议事议程。经过两国政府磋商，2018 年 7 月 12 日，中国政府正式承诺合作建设布基纳法索职业培训中心项目（职业教育合作项目第一期），以推进两国职业教育合作。商务部国际经济合作事务局与布基纳法索青职部，分别代表两国政府就中布职业教育合作项目的具体事宜进行了友好协商，并达成一致意见，签署了实施协议。根据协议，中方承办单位为湘外院，首批派出由 7 名教师和翻译组成的专家组，赴布开展职业教育合作项目第一期。2018 年 6 月 30 日，中方专家组抵达布基纳法索。经过前期了解和实地考察后，中方专家组决定以金亚雷职业培训中心、博博迪乌拉索工业职业培训中心、瓦加杜古职业培训中心为重心，辐射当地 14 所职业培训中心，工作内容和形式主要为现场指导、教师培训、技能竞赛等。该专家组于 2019 年 6 月 30 日回国，结束了为期 1 年的职业教育合作工作。

在职业教育合作项目第一期开展过程中，布方表达了希望能够继续开展职业教育合作项目第二期的愿望。后经中布两国有关方面的多轮沟通，最终达成开展职业教育合作项目第二期的共识，两国政府于 2019 年 11 月 21 日正式换文同意项目开展。商务部国际经济合作事务局决定承办单位仍为湘外院。2019 年 9 月 18 日，湘外院派出 2 名专家抵达布基纳法索并先期开展工作。后由于疫情影响，原计划 2020 年 3 月派出的其他 9 名技术合作专家直到 2021 年 1 月 7 日方抵达布基纳法索。计划工作期限 2 年，拟于 2023 年 1 月结束。目前职业教育合作项目第二期仍在进行中。

中布职业教育合作项目专家派出情况见表7-1。

表7-1　中布职业教育合作项目专家派出情况

项目名称	项目日期	派出专家人数	培训专业	学员人数
职业教育合作项目第一期	2018.7.1-2019.6.30	7人	汽车维修、电工、机电一体化、数控机床	289人
职业教育合作项目第二期	2021.1.7-2023.1.6	11人	汽车维修、电工、机电一体化、数控与模具、计算机、卫生管道	749人（截至2021年底）

二、中布职业教育合作本土化人才培养方案

（一）中布职业教育合作本土化人才培养的基本原则

1. 先进性原则

在中布职业教育合作过程中，将中国职业教育好的发展模式带过去，交流中布职业教育的经验，介绍中国在职业教育管理中的先进做法，推进现代职业教育理念和体系在布基纳法索应用。

2. 适用性原则

调研布方职业培训中心，深化与布方的合作，构建具有符合布方国情与职业培训中心实际的专业课程培养标准，促进专业建设，打造独具学校特色的专业品牌；针对布方职业培训中心学生的学情，有针对性地开发专业教材，

同步开发多媒体课件、教学视频等,增强成果的实用性和可推广性。

3.系统性原则

根据现代职业教育的基本原则和规律,按计划、分步骤、系统性开发与技术合作有关的教学成果,如开发符合现代职业教育发展方向的简明教程、课程标准、教学课件、操作规程等,确保教学成果系统、连贯地进行。

(二)中布职业教育合作本土化人才培养目标

1.因地制宜、合理借鉴,促进布方职业教育标准建设

中布职业教育的合作,满足布方经济发展对职业教育现代化发展的要求。充分尊重布方的历史和传统,考虑布方职业教育发展、师资队伍建设、课程开发等方面的现状,借鉴中国职业教育发展取得的成果和经验,立足当前,着眼长远,以提升整体教学质量为核心,促进适应经济社会发展、适合布基纳法索职业教育发展要求和方向的职业教育标准建设。

2.建立教师培训制度,促进布方职教师资队伍能力提升

中布职业教育的合作,立足于帮助布基纳法索建立师资培养培训制度,促进建立职业教育师资准入制度,促进布方职业培训中心师资队伍专业结构、年龄结构合理调整。对职业培训中心校长、专业负责人、专业教师定期培养培训,选拔专业教师来华培训,提高其专业能力和教育教学能力。

3.以就业和需求为导向,提升当地技术技能型人才培养水平

针对布基纳法索的实际需求,采用学徒制、现场教学、项目教学、仿真教学、工作过程导向教学等教学方式,通过"中文+职业技能"人才培养,大力开展职业培训,使学习者特别是青年获得一技之长,提升当地技术技能型

人才培养水平。同时，为当地企业技术技能型人才需求提供定制服务，为中资企业走入非洲储备人才。

（三）中布职业教育合作本土化人才培养的思路和路径

1. 初步建立本土化专业人才培养方案

采取"请进来、走出去"的方式开展教育合作和双向互派交流，邀请布方人员每年来华实习 7 个月。选取布方青职部所辖的职业培训中心、教育部所辖的职业高中，以及其他职业学校的教师，每年进行为期 30 天的有针对性的高级教师培训。协助布方制订全国职业技能大赛方案、拟定比赛框架文件，参与做好全国职业技能大赛命题、赛事裁判等工作，与布方一起举办全国职业技能大赛。

2. 组建专家组赴布全程指导

首先，在项目实施之前，根据布方需求组建专业团队，组长由熟悉教育合作工作且组织领导能力强的职业教育专家担任，负责赴布人员现场管理工作，与国内、布方和中国驻布基纳法索大使馆机构联络等，为项目实施做好准备；加强相互沟通和调研，了解布方现实状况和需求；掌握布方设备设施情况，为教学管理做准备。

其次，在项目开展之时，专家和翻译赴布基纳法索开展示范教学管理，指导布方进行教学管理、开展培训和举办全国职业技能大赛，指导布方人员建立职业教育标准，提升布方师资能力，培养相关专业技术技能型人才。

3. 组织布方优秀青年学生来华学习

第一，邀请布方 20 名人员来华开展教育合作和学习交流，时间为 7 个月。

第二，培训分为三个阶段：知识技能准备阶段（4 周）、实施阶段（20 周）

和回顾总结阶段（4周）。

第三，选派理论教学对应专业的相关专家和实践操作水平高的专家，选择实训设备设施与布方教学培训设备相同或相近的实训场地和实训基地，安排布方学员与具有相同相近专业的职业院校师生交流座谈，让布方学员更多地体验现代职业教育。

第四，培训期间，设置《中国国情及改革开放研究》等课程，邀请相关专家为布方学员介绍中国国情，让布方学员在学习先进的专业技能和制造技术的同时，领略中华民族悠久的历史文化。

4. 开展对当地职业教育机构专业教师的能力培训

借助湘外院中非经贸合作职业教育产教联盟平台，经过中布职业教育合作项目第一期、第二期，选择机电一体化、数控与模具、汽车维修、电工、卫生管道、计算机等专业方向，每年分批次进行培育建设、验收认定、成果推广，为布方打造3—4支高标准的师资团队。参训的教师主要来自布方青职部所辖的职业培训中心、国民教育部所辖的职业高中及其他职业学校。

5. 输出"楚怡"职教标准

主动适应经济发展对职业教育现代化发展的要求，和对布基纳法索职业教育体系、职业教育师资建设、职业教育课程开发、职业教育管理体系等方面的新要求，遵循职业教育发展规律，立足当前，着眼长远，以提升整体教学质量为核心，构建适应现代职业教育发展规律、适合布基纳法索职业教育发展要求和方向的职业教育标准。

6. 培养布基纳法索先进师资队伍

建立师资培养培训制度，培养一支专业、年龄结构合理的教师队伍，通过这些师资力量，培训辐射布基纳法索的其他教师。对职业培训中心校长、专业负责人、专业教师定期培养培训；积极组织校长、专业教师参加中国组织的培训；以 5 年为一个周期，组织专业教师到企业实践锻炼一次；建立职业教育师资准入制度，加大职业培训中心用人自主权；提高教师工资待遇，保障其生活无忧。

7. 合作思路方面，坚持"走出去"与"请进来"并重

采取"走出去"与"请进来"并重的方式与布基纳法索开展职业教育合作和双向互派交流，来华培训和境外培训交替进行。分批邀请布方职业教育专业骨干教师和管理人员来华接受培训，选派我国职业教育专业教师及管理人员赴布参与教学管理，并对布方人员进行现场培训，结合后期的持续跟踪指导、教育合作和双向师生互派交流等方式，提升布方各专业的教学水平，增强各专业与设备技术进步的同步提升能力，巩固和发展布方现代职业教育的运营和管理能力。

8. 合作形式方面，坚持"物资捐助"与"技术合作"相益

中方不仅"授人以鱼"，不附加任何政治条件为布基纳法索捐赠物资设备，更"授人以渔"，加强与布基纳法索的人力资源开发合作和技术交流，帮助布方培养更多适用人才。

物资捐赠方面，根据布方需求，中方提供了相关专业的教学设备、电气控制及继电保护综合实验台等机械设备和零配件，并配套建设"鲁班工坊"。

技术合作方面，首先，中方赴布的专家开展为期 2 年的现场指导，帮助其树立现代职业教育理念，掌握现代职业教育教学方法；其次，教会其使用中国捐赠的设备，并能投入教学；最后，项目交付后利用远程技术手段，由中方职业教育机构与布基纳法索职业教育管理部门开展合作，持续指导布基纳法索"鲁班工坊"运行，促进中国技术"走出去"。

9. 合作内容方面，确立"标准、专业、课程、教学"等"一揽子"方针

在调研布基纳法索产业发展、人才需求、专业建设的基础上，密切结合布方国情，在合作内容方面，确立了"标准、专业、课程、教学"等"一揽子"方针，开发职业教育标准，为其专业建设、课程建设、教学运行等提供有力支撑。

三、中布职业教育合作本土化人才培养的成效、不足及思考

（一）中布职业教育合作本土化人才培养的成效

中国与布基纳法索恢复外交关系以来，中布职业教育合作项目第一期圆满完成，中布职业教育合作项目第二期克服重重困难，也正在顺利推进。

中布职业教育合作项目第一期在国家国际发展合作署、商务部国际经济事务合作局和中国驻布基纳法索大使馆、湖南省商务厅的倾力支持和精心指导下，专家组发扬不畏艰苦、乐于奉献的精神，攻坚克难，积极履职，与布方密切配合，推进项目各项任务实施：对布基纳法索各职业培训中心进行调研考察、开展人员培训、组织学生赴中国实习、举办布基纳法索全国职业技能大赛、捐赠技术物资和零配件、对职业培训中心的设施设备进行维护维修、开发智力成果，提升了布方职业教育人才培养质量。中布职业教育合作项目第一期本土化人才培养的成效主要体现在以下几个方面。

1. 成为中非教育合作的典型案例，产生了广泛影响

中布职业教育合作项目成为中非教育合作的典型案例，得到了国家的认可。2021 年 1 月，中华人民共和国国务院新闻办公室发布了《新时代的中国国际发展合作》白皮书，从国家层面高度肯定中布职业教育合作项目第一期取得的成绩："援布基纳法索职业培训中心技术援助激活了当地职业教育市场。" 2021 年 9 月，第二届中国-非洲经贸博览会组委会代表商务部、湖南省人民政府公布援布基纳法索职业培训中心技术合作案例入选第二届中国-非洲经贸博览会《中非经贸合作案例方案集》，全国仅有 40 个案例入选。

国务院副总理胡春华、国务委员兼外交部部长王毅先后在布基纳法索接见了项目工作人员。新华社等国内媒体、布基纳法索主流媒体国家电视台等先后 20 余次宣传报道该项目，中国驻布基纳法索大使李健称赞，"职教项目已成为中布教育合作和民间交往的闪亮名片，展现中国智慧，提供中国方案"。布基纳法索青职部部长动情地说："正是有了中国专家的无私帮助，我国才有了第一个全国职业技能大赛。"

2. 通过有针对性的培训，提升了布方教师队伍的教育教学能力

"授人以鱼不如授人以渔"，在这一发展理念指引下，中布双方积极探索、努力实践，强化了对布方师资队伍的培养。中布职业教育合作项目第一期开展期间，在布基纳法索瓦加杜古职业培训中心和博博迪乌拉索工业职业培训中心，培训教师 60 人。在开展培训的同时，每周组织中方专家与布方教师研讨职业培训中心的发展方向和模式、职业教育的专业设置和课程开发、职业教育的发展思路等。培训提升了布基纳法索职业培训中心教师的专业素养。

3. 实践和理论结合，为布方开发了一系列职业教育智力成果

中方专家组抵布后，通过查询布基纳法索有关文献资料、赴布基纳法索各职业培训中心实地走访调研、与布基纳法索有关人士开展咨询座谈，对布

基纳法索的职业教育情况进行现状分析，针对有效开展职业教育合作，提出了完善布基纳法索职业教育体系等相关意见与建议，形成了《布基纳法索职业教育深度行业报告》《关于布基纳法索职业教育的调研报告》。这些调研报告有利于更好地了解布基纳法索的职业培训现状，掌握布基纳法索整体的职业培训办学条件、师资力量、学校基础设施建设情况等基本信息，为持续推进本土化人才培养打下良好基础。

现场各专业专家还根据布方职业培训中心的实际情况和需求，开发了各专业设备维护保养手册、安全操作规程、实训室管理制度，形成电子文档、编辑成书，总计完成了100余项智力成果，并且全部翻译成法语。除各专业课程PPT课件外，其余智力成果均印制成册，移交给布方。这些智力成果直接来源于中布职业教育合作项目，凝聚了中方专家组的心血，也是中方对布基纳法索职业教育大力支持的体现，对于布方未来的职业教育培训具有极大的实践参考价值。

4. 通过现场指导和进修学习，为当地培养技能人才初见成效

布基纳法索14所职业培训中心在岗教师与在校生比例严重失衡，教师的专业素质、学历水平良莠不齐，差别较大。中方专家组在布期间，积极开展示范教学，深入课堂直接开展教学和实操指导学生289人。2018年12月，中方组织了布方20名青年学生赴长沙开展为期7个月的进修实习，专业为数控与模具、制冷和空调、机电一体化，实习地点设在中联重科和湖南劳动人事职业学院。同时，中方向布方职业培训中心捐赠了价值500余万人民币的教学实训设备和零配件，帮助布方职业培训中心搭建校内工厂，引导学校利用捐赠设备开展校企合作，促进技术技能型人才培养。

现场培训与来华培训相结合，让布方青年学生近距离接受了现代职业教育理念，提高了其技术技能水平。表7-2列出了中布职业教育合作项目第一期技术技能人才培养统计表。

表 7-2　中布职业教育合作项目第一期技术技能人才培养统计表

学校	专业	学生数	小计
博博迪乌拉索工业职业培训中心	机电一体化	38	45
	数控与模具	7	
金亚雷职业培训中心	电工	51	96
	汽车维修	45	
瓦加杜古职业培训中心	电工	94	148
	汽车维修	54	
合计	—	289	289

5. 秉持文明互鉴，中国职教文化已开始在当地生根发芽

中方专家组在项目现场开展中国国情公开课，通过向布方学生介绍中国的基本情况，传播中国传统文化和理念，加深了布基纳法索青年学生对中国的了解和向往。

第一，推进"中文＋职业技能"教育在布基纳法索落地生根。随着中国对外开放不断深入，推动国际中文教育与职业教育"走出去"融合发展，在海外实施"中文＋职业技能"教育具有十分重要的意义。2019年，中方专家组在布基纳法索开设了"中文＋职业技能"职业教育模式，"中文"特色课程深受当地中文学习者的欢迎，既满足了学习者的个性化学习需求，又提升了学习者的综合素质和就业能力，为在布中资企业输送了懂中文的专业技能型复合人才。

第二，充分利用湖南在职业教育方面取得的先进经验，建立中布"楚怡"职教合作基地。根据布基纳法索产业发展和中资企业的需要，针对先进制造

业和服务业，设立相应的培训工种、专业，开展短期培训与学历教育相结合的职业技能培训；同时，根据企业和市场需求，开展管理型人才培养，培养一定数量的非洲化、本土化、中布友好型企业管理人才。

中方专家组还在金亚雷职业培训中心和博博迪乌拉索工业职业培训中心建立友谊图书馆，捐赠书籍，帮助职业培训中心的学生拓宽知识获取途径。另外，湘外院还与金亚雷职业培训中心建立友好学校，共享双方师资、教材等方面的资源。

（二）中布职业教育合作本土化人才培养存在的不足及原因分析

1. 中国职教标准总结提炼不够，在当地推广时存在"水土不服"问题

2016 年 4 月中共中央办公厅、国务院办公厅印发《关于做好新时期教育对外开放工作的若干意见》，2016 年 7 月教育部印发了《推进共建"一带一路"教育行动》，这为我国教育"走出去"，服务国家"一带一路"倡议提供了方向和指南。在中布职业教育合作中，中方专家组着力推动中国职业教育标准在布基纳法索落地，推动中国职业教育"走出去"。由于中国职教标准总结提炼不够，布基纳法索政府与社会对职业教育的重视程度不高，职业教育底子薄弱，现代化职业教育培训体系尚未建立，中布两国的职业教育理念、制度不同，协调难度较大，在布基纳法索进行推广时存在"水土不服"的问题。

2. 针对管理和教学人员的能力建设仍在路上，困难多、阻力大

推动能力建设是践行"八大行动"的重要内容。在第一期中布职业教育合作项目开展期间，中方专家组着力推动教师能力建设和青年学生能力培养，但是没有取得希望的效果，主要因为受到以下几个方面的制约。

第一，中布国际化师资队伍建设滞后。当前，国际化师资队伍建设水平

与"走出去"发展还存在差距。首先是语言方面，缺乏大批可以从事双语教学的专业课教师，尤其缺少精通"一带一路"沿线国家与地区小语种的教师。布基纳法索原为法属殖民地，官方语言为法语，中方专家组成员中设有能直接进行法语授课的专业教师。其次是国际职业资格证书方面，中国具有国际专业机构认可的职业资格证书的专任教师数量仅占专任教师总数的21%，教师的业务水平未得到国际认可，国际化教学工作的开展受到一定的影响。

第二，海外教学数字化建设相对落后。相较于中国比较广泛的线上线下数字化融合技能培训，中方专家组在布基纳法索的现有培训方式数字化程度较低，教学方案、计划、标准、考评等环节缺少必要的数字化技术支撑，教学培训标准化程度不高。尤其在新冠肺炎疫情冲击下，原有传统模式面临着数字化转型的挑战，亟须充分利用数字化手段建立便捷的技能培训模式。

第三，"走出去"办学持续性、盈利性较差。限于布基纳法索资源与发展水平等多方因素，海外职业教育面临着师资不稳定、盈利能力不强等问题。主要表现为：国内优秀师资不适应布基纳法索环境、存在待不住的情况；布方学员来华参加职业培训的周期为7个月，时间较短，无法大幅提升相应专业能力；在布方建设学校或培训基地运营成本较高，生源不确定性较大，经营持续性差；布基纳法索14所职业培训中心在岗教师与在校生比例严重失衡，教师的专业素质、学历水平良莠不齐，差别较大；参训人员的组织性、纪律性较差。

3. 为在布中资企业培养高素质技术技能人才方面还有不少难题

中方专家组抵布后，调研了在布中资企业的人才需求，以便有针对性地为其培养高素质本土化技术技能人才，让职业教育更好地服务中国产能、中国技术"走出去"。布基纳法索职业教育在本国教育结构中占的比重仍然很低，尤其是不能很好地适应劳动力市场的需求和不同的社会文化环境，培养高素质本土化技术技能型人才遇到了不少障碍，主要有以下几个原因。

第一，布基纳法索人口整体受教育程度低。根据布基纳法索 2018 年的教育水平，按受教育人口的分布特征得出以下结果：超过一半的布基纳法索人口没有受过教育，小学毕业的占 26.9%，中学毕业的占 12.0%，而高等教育则低至 1.5%。与普通教育相比，职业技术教育和培训机构的入学率更低。布基纳法索对职业技术教育和培训的社会认可度仍然很低。

第二，政出多门，普通教育与职业教育不能有效衔接。布基纳法索的教育分属不同的部门管理，普通教育归国民教育部管理，而职业教育归青职部单独管理。布基纳法索的职业技术教育和培训体系不完整，基础教育普及程度低，主管职业教育的部门在政策制定、顶层设计和长期规划方面缺乏专业指导意见。政府对职业教育缺乏重视，使得职业教育在长期规划和培训体系构建方面有所欠缺。

第三，资金投入不足。由于布基纳法索经济发展水平不高，导致政府在职业教育领域的资金投入严重不足（教育预算的 2% 用于职业技术教育和培训），加上企业缴纳的持续教育税缺乏管理机制，致使大部分教育税收不能切实投入职业教育领域。实训设备和零配件的缺乏，使得职业培训中心的学生缺少技能实操机会，实际动手能力不强，当地用人企业无法获得高质量的技能人才，导致职业培训中心缺乏社会企业在资金方面的支持，进而形成一种恶性循环。

第四，布基纳法索政府与社会对职业教育的重视程度不高。布基纳法索职业教育底子薄弱，尚未建立现代化职业教育培训体系，间接使得当地许多青年人对于职业技术教育和培训的认可度不高，职业技术教育和培训仍然被许多人视为在主流教育培训体系中失败后不得已的选择。

第五，布基纳法索的职业教育体系缺乏与劳动力市场的有效联系，从而导致年轻毕业生大量失业。职业技术教育和培训缺乏必要的透明度，且没有有效的机构和组织框架可以更好地促进培训与就业联系。这也使得职业教育领域的培训推广更加困难。

另外，布基纳法索的教育展现出很大的性别差异。早婚往往会迫使布基纳法索的大多数女孩辍学。一些社区视女孩为"收入"来源，而另一些社区的女孩则因父权价值观而结婚。女性接受教育的机会远远少于男性，这必然导致了职业教育生源不足、性别不平等，职业技术教育和培训普及难度大。

4. 项目实施过程中的不确定因素多

由湘外院实施的中布职业教育合作项目第一期于 2019 年 6 月圆满结束。中布职业教育合作项目第二期自 2021 年 1 月开展实施，两期项目本应无缝对接，但因新冠肺炎疫情经历了一年多的项目留守，使得中布职业教育合作项目第一期的效果难以持续和巩固。

自 2020 年 3 月 9 日布基纳法索出现首例新冠肺炎确诊病例以来，当地疫情发展迅速，高层感染范围不断扩大，社区感染情况较为突出，且当地医疗物资紧缺，口罩、洗手液等防疫物资一度脱销。受新冠肺炎疫情的影响，布基纳法索职业教育面临着诸多问题：首先，由于布基纳法索的信息网络技术欠发达，缺乏信息化教学设施设备，因此线上授课模式难以开展，而线下培训面临着较大的感染风险，培训效果难以提升；其次，中方专家组因工作及生活需要外出时，面临着感染风险；再次，受新冠肺炎疫情和停航影响，新派、休假和离任人员一度滞留在布基纳法索，给对内、对外工作造成一定影响，同时，现场人员的心理健康和工作积极性都受到了一定的影响。

此外，在中布职业教育合作项目实施过程中，布基纳法索经济低迷，政局不稳，给项目实施带来了前所未有的困难。

（三）中布职业教育合作本土化人才培养的思考

中国与布基纳法索恢复外交关系以来，两国在职业教育领域开展了深入合作。在合作中，布基纳法索职业教育在建设、教学及管理水平上得到了快速提升。为了巩固合作的成果，发挥合作的最大效能，让布基纳法索职业教育持续、稳定发展，未来几年需要中布两国在职业教育领域持续开展合作。

1. 对中布职业教育合作本土化人才培养重要性的认识

（1）提升布基纳法索职业教育发展水平，促进经济快速发展。

当前布基纳法索的整体经济发展还处于起步期，社会发展对职业培训人才的需求强劲，加快发展现代职业教育势在必行。中布职业教育合作项目第一期大幅度提升了布基纳法索的职业教育理念、师资水平、教学能力和管理水平，但要适应全球化发展趋势，就必须进一步推进职业教育市场化的建设，以就业市场需求为导向，帮助布基纳法索培养适应全球化和信息化要求的技术技能型人才，促进布基纳法索经济社会的发展。

（2）提升布基纳法索青年职业素质，推动社会稳定发展。

当前布基纳法索人口增长迅猛，特别是青年人口基数庞大，但由于职业教育发展水平落后，青年人的知识水平和技能素质普遍不高。从一定意义上来说，教育决定国家和民族的未来，教育不仅是一个国家和民族最重要、最根本的事业，也是迎接激烈国际竞争、促进社会发展的重要基础。因此，发展职业教育，提升布基纳法索青年人的职业素质和能力，提高青年人的就业率，是维护布基纳法索社会稳定和有序发展的必然选择。

（3）顺应国际化趋势，提升布基纳法索职业教育现代化水平。

伴随着第四次科学技术革命的发展，为顺应时代需求和社会对高技能人才的要求，现代职业教育必须改变原有落后的方法理念，提升职业教育教师的专业水准和技能水平，建立现代化的职业教育体系。这是整个社会的潮流，也是现代职业教育的发展方向。

2. 中布职业教育合作的工作思路

中布职业教育合作可从以下几个方面着手。

（1）突出合作重点，增强辐射功能。

以点带面，发挥合作职业培训中心的示范引领作用，提升中国职业教育的影响力。

（2）帮助布基纳法索建立教学标准，发挥标准在职业教育质量提升中的基础性作用。

推进专业教学标准、课程标准、顶岗实习标准、实训条件建设标准（仪器设备配备规范）建设。制定教师和校长专业标准，开展教师培训，提升职业教育师资的教学水平，提升职业培训中心的教学管理和教学实践能力。

（3）帮助布基纳法索建立专业动态调整机制。

建立专业动态调整机制，更新并推进专业目录建设，实现专业设置与产业需求对接、课程内容与职业标准对接、教学过程与生产过程对接。

（4）帮助布基纳法索建立产教融合、校企合作机制。

探索建立行政部门联合行业企业制定教学标准、职业培训中心依据标准自主制订人才培养方案的工作格局。推进产教融合、校企合作，建立实训基地制度。

（5）深化合作力度，提升治理能力。

以合作切实改善办学条件，完善职业培训中心管理制度，提升治理能力。举办全国职业技能大赛，构建职业培训中心竞争机制。

总之，中布职业教育合作任重而道远。希望通过多期职教合作项目的实施，中布双方紧密合作，在布基纳法索建立起"运用现代技术、使用现代制（智）造、运行现代模式、推行最新标准"的，具有布方特色的现代化职业教育体系。

四、推进中布职业教育合作 本土化人才培养可持续发展的建议

（一）多方协同、形成合力，推进中布职业教育合作形成特色

中布职业教育合作应着眼于服务中非经贸合作、服务当地经济社会发展，多措并举，争取在标准开发、专业建设、打造职教合作高地、职业教育交流等方面形成特色。

1. 务实合作，推进中国职业教育标准走进布基纳法索

深入调研布基纳法索职业教育的发展现状和现实需求，与金亚雷职业培训中心、博博迪乌拉索工业职业培训中心、瓦加杜古职业培训中心三所职业学校务实合作，主动适应经济发展对职业教育现代化发展的要求，适应布基纳法索职业教育师资建设、课程配备、管理体系等方面的新要求，为三所学校开发人才培养方案、课程标准、师资标准、实训标准，初步建立起人才培养标准体系，推进中国职业教育标准走进布基纳法索。

2. 三所合作学校每校建设1—2个一流专业，引领职业教育发展

借助国内平台和资源，开发满足当地需求的简明教材、PPT课件、视频教学资源、操作规程等各专业课程资源，每个合作专业打造1门金课。为布基纳法索三所合作职业培训中心中的各建设1—2个一流专业。在个别专业探索信息化建设，引领布基纳法索职业教育发展方向，引导解决布基纳法索职业教育落后问题。

3. 建设鲁班工坊，打造中布职业教育合作高地

促进中国职业教育品牌推广，在三所合作职业学校中选择一所学校建立鲁班工坊，打造布基纳法索职业教育标杆，建立布基纳法索职业教育高地。

4. 促进中布职业教育交流，建立可持续运行的"楚怡"职教合作基地

"楚怡"是百年前就已形成的中国职教品牌，是湘式职教的来源和先驱。湘籍专家与布方合作，在当地建立可持续运行的"楚怡"职教合作基地，促进中布职业教育人文交流，为中非经贸合作输送人才，促进中布职业教育合作可持续发展。

（二）制度创新、实践发力，促进中布职业教育合作项目可持续发展

中布职业教育合作项目可持续发展，需要中布双方制度创新、实践发力。

1. 推进中布职业教育品牌融合发展

中布职业教育合作需要推进职业教育品牌建设，促进中布职业教育品牌融合发展，做到"我中有你，你中有我"，推动"楚怡"职教、"鲁班工坊"等在布基纳法索的品牌建设，推动布基纳法索当地职业教育品牌建设，唱响中布职业教育品牌，扩大中布职业教育合作影响力。

2. 推进国内与国外培训基地建设

在中方专家组的配合下，加大布基纳法索培训基地的建设，为当地职业教育师资培养提供便利条件，同时加大中国国内培训基地建设，为布基纳法索等非洲国家的师资培训提供成熟模式。

3. 推进现场专家团队与国内专家团队协同促进布方职业教育发展

派出的现场专家团队既要熟悉布基纳法索的历史文化，了解布基纳法索

的国情民风，培养跨文化沟通意识和能力，尽可能减少因文化差异而引发的冲突；又要有能力向布方传播中国的职业教育理念，讲好中国故事。国内专家团队应在标准开发、专业建设等方面为现场专家团队提供支撑。

4. 推进国际化师资队伍建设

中国职业教育开展对外合作，高素质的国际化师资队伍必不可少。完善激励约束机制、提高教师各项待遇、完善保障措施、优化人才资源配置、建立轮换制度，为国际化师资队伍建设营造良好的制度环境，显得尤为迫切。一方面，中布双方交流合作部门要通过理论学习、实地考察、互动交流等方式，从现代职业教育体系到新理念、从专业设置到教学方法、从教学到研究，全方位使教师拓宽视野、增强国际化教学能力。另一方面，引进急需的专业人才，包括国外具有丰富实践经验和高学历、高技能的人才，以及国内相关企业既有理论功底又具实践技能的人才，将他们充实到"外聘"教师队伍中。

（三）资源整合、协同发展，形成本土化技术技能人才培养的长效机制

1. 推动当地企业、中国商会、中资企业参与本土化技术技能人才培养

推动当地企业、中国商会、中资企业参与到人才培养各环节中，并为布基纳法索职业培训中心学生提供实习场所，深度参与本土化技术技能人才培养。

2. 推动"中文+职业技能"教学，培养中布友好型人才

与孔子学院、中资企业开展合作，吸引具有双语教学能力的中国人共同参与"中文+职业技能"教学，培养中布友好型人才。

3. 争取政府相关部门支持

中布职业教育合作，离不开中布两国政府相关部门的支持。中布职业教育合作项目实施以来，在中国国家国际合作发展署、商务部国际经济事务合作局和中国驻布基纳法索大使馆、湖南省商务厅及布基纳法索有关部门的倾力支持和精心指导下，中布双方工作人员建立起紧密和谐的合作关系，打开了中布职业教育合作的工作局面。今后，将继续争取政府相关部门的大力支持，不断深化中布职业教育合作。

（四）优化环境、充分利用平台资源，确保中布职业教育合作结出丰硕果实

1. 建立"一国一策，一校一策"机制，促进中布职业教育合作

职业教育布局非洲国家，应统一规划，在建交非洲国家做到"一国一校"，即一个国家至少选择一所职业学校合作，并将合作职业学校与当地实际情况相结合，对标准化职业标准体系内容进行本土化改造，共同开发专业、课程、培训等一系列标准，提升中国职业教育的国际影响力，为中布职业教育合作保驾护航。

2. 发挥中国－非洲经贸博览会平台作用，促进中布职业教育深度合作

近年来，中国经济对外交流蓬勃发展，进入高质量的发展阶段，对外交流与合作平台对于推进职业教育的深入发展有着重要作用。例如，湖南省现在两年一度的中国－非洲经贸博览会由中国商务部和湖南省人民政府共同主办，是落实中非合作论坛经贸举措的新平台、对非经贸合作的新窗口。我们应充分利用这些资源，更好地服务于中布职业教育合作。

3. 发挥"中非经贸合作职业教育产教联盟"平台作用，促进中布职业教育深入合作

为进一步加快中国职业教育"走出去"步伐，更好地服务于中非经贸合作相关的职业院校和企事业单位，湘外院牵头组建"中非经贸合作职业教育产教联盟"。该联盟依托长期落户湖南的中国-非洲经贸博览会、中国（湖南）自由贸易区和湖南国际商务官员研修基地三大平台，聚焦产业发展，汇聚教育资源，通过信息共享获取国内外各类信息，在人才培养、科研合作、人文学术交流等方面进行合作，储备充足的人力资源，共同促进当地的经济社会发展，提升国家和学校的影响力，为提升中布职业教育合作竞争力提供保障，进而开启优势互补、共同进步的良好局面。因此，产教联盟要进一步完善运行机制，发挥自身优势，联盟内部各单位信息共享、取长补短，将中布职业教育合作作为一个重要项目合力推进。

"中非经贸合作职业教育产教联盟"要进一步发挥资源配置功能，谋求行业联合抱团发展。探索行业协会、学校、众多外贸型优质中小企业共同参与的多元合作育人模式，形成政、校、企在人、财、物等方面的高效利用与共享，为中布职业教育合作提供强有力的人才、信息和技术支撑。对标中布职业教育合作需求，推动联盟成员单位在职业教育专业设置、专业资源库建设和企业人才培训、教学实践等方面开展深入合作。

第八章

中非职业教育合作案例与
策略思考

一、中布职业教育合作项目

该项目由中国商务部主办，湘外院、湖南省商务厅培训中心承办，旨在通过对布基纳法索职业培训中心进行技术支持，为布基纳法索培养更多技能型、实操型、创新型人才，提升布基纳法索职业教育人才培养质量，帮助布基纳法索初步建立现代化职业教育培训体系，进一步巩固中布友好关系。

（一）案例背景

2018 年 9 月，习近平主席在中非合作论坛北京峰会上提出"八大行动"，在其中的"实施能力建设行动"中提出向非洲青年提供职业技能培训。布基纳法索地处撒哈拉沙漠以南，急需拥有中级和高级技能的人才，以促进经济增长、减少贫困。但布基纳法索职业教育底子薄弱，尚未建立现代化职业教育培训体系。因此，大力发展职业教育成为中国与布基纳法索开展技术合作的关键领域之一。湘外院以其丰富的对外工作经验、强大的对外工作团队和优异的对外工作业绩，被中国商务部国际经济合作事务局选定为该项目的承办机构。

（二）实施情况

中布职业教育合作项目分为两期。

第一期从 2018 年 7 月 1 日至 2019 年 6 月 30 日，为期一年。湘外院派遣了 7 名职业教育专家和专业技术能手前往布基纳法索开展工作，以瓦加杜古职业培训中心、金亚雷职业培训中心及博博迪乌拉索工业职业培训中心为重点，辐射布基纳法索 14 所职业培训中心，进行现场培训和管理指导。一是考察调研布基纳法索 14 所职业培训中心，形成完整的调研报告，掌握布基纳法索的职业教育情况；二是开展数控机床、机电一体化、汽车维修、电工等专业的教学和实操指导 350 多个课时，培训 400 余人次；三是组织 20 名布基纳法索青年学生赴湖南长沙开展为期 7 个月的实习培训；四是组织高级教师培训，并得到布方政府的高度肯定；五是给当地提供价值 300 余万元人民币的机械设备和零配件；六是组织布基纳法索第一届全国职业技能大赛。

第二期从 2021 年 1 月 7 日至 2023 年 1 月 6 日，为期两年。第二期继续以金亚雷职业培训中心、瓦加杜古职业培训中心和博博迪乌拉索工业职业培训中心为发展重点，打造布基纳法索职业教育高地，探索重点职业培训中心积极参与布基纳法索经济建设和社会发展之路。

（三）方法论提炼

1. 派遣专家赴布开展现场教学和培训，传授经验和技术

中方派出包括高校专业教师和企业技术能手的职业教育专家组，重点与布基纳法索 3 所职业培训中心进行技术合作，将职业技能和经验传授给当地青年。专家组以"授人以鱼不如授人以渔"为宗旨，用心开展"传、帮、带"。

2. 组织布方人员来华实习与在布高级教师培训，协助举办全国职业技能大赛

组织布方学生来华，有针对性地进行专业课程体系的培训，并结合现场操作、视频演示、仿真培训等手段，帮助学生更快、更系统地掌握各项知识与技能。在布基纳法索举办高级教师培训，通过侧重实际操作和应用的培训

内容，切实提高布基纳法索职业培训中心教师的业务技能。协助布基纳法索举办了两届全国职业技能大赛，提升了青年人的职业技能和创业积极性，打开了布基纳法索参加国际职业技能大赛的大门。

3. 开展调研，开发智力成果，确保合作效果

专家组通过考察调研布基纳法索各职业培训中心，了解该国职业教育培训的概况，形成深度行业报告，并在报告基础上从专业课程内容建设、PPT制作、实训室制度建设、设备保养、设备操作规程制订等方面开发了100余项智力成果，为布基纳法索职业培训中心的后续发展提供智力支持。

4. 开展产学研合作，推动现代职业教育发展

以布基纳法索的需求为导向，巩固项目培训成果，保证项目持续性发展；以社会效益为目标，将培训与就业紧密结合、学历教育与职业培训并举，打造结构合理、产教融合、专业齐全、逐步覆盖学龄青年和全体劳动者、贯穿从学习到工作各阶段、满足多样化和差异化需求的布基纳法索职业教育体系，推动职业教育现代化发展；在各职业培训中心差别化开设专业，避免同质化，满足相关行业对人才的需求。

（四）合作前景

湘外院与布基纳法索精准开展职业教育、培训合作工作，为进一步服务"一带一路"建设，加强中国与布基纳法索在职业教育领域的交流、合作，不断深化中布合作关系，开拓两国合作美好前景，奠定了良好的基础。中布职业教育合作项目的实施，进一步加强了两国人员的往来与交流，推动了两国人民的相互了解，增进了两国人民的友谊，促进了两国之间的经贸往来。同时，该案例具有很强的实践性，为中非开展职业教育合作提供了启示和借鉴。

二、中非经贸合作职业教育产教联盟

（一）案例背景

为贯彻落实习近平总书记考察湖南重要讲话精神，把握好中国（湖南）自由贸易试验区建设、中国-非洲经贸博览会长期落户湖南等重大战略机遇，推动职业院校更好地服务经济社会发展，湘外院于 2020 年发起成立了中非经贸合作职业教育产教联盟（以下简称"联盟"）。联盟成立大会于 2020 年 11 月召开，现有 110 家成员单位。

联盟也是目前中国唯一的专注非洲、打通产教、突出技能、服务经贸的职业教育联盟，其工作宗旨在于助力非洲能力建设、服务中非经贸合作。联盟通过整合境内外职业院校、企业、政府、科研机构、国际组织等方面的资源，采用实施境内外培训项目、共建"鲁班工坊"、建设境外培训基地、赴境外办学、举办中非职业教育对接活动和人才供需对接活动、从事课题研究等多种形式，探索打造职业教育参与中非能力建设合作、服务中非经贸合作的新机制、新平台、新模式。

联盟已被湖南省委、省政府纳入中国（湖南）自由贸易试验区项下打造的中非经贸深度合作先行区的配套机制举措之一。

（二）实施情况

1. 搭建平台，促进对非能力建设合作

先后举办湖南与加纳、南非等非洲国家高等职业教育合作座谈会。加纳时任驻华大使爱德华·博阿滕与湖南生物机电职业技术学院、湖南有色金属职业学院等5家联盟成员单位就能力建设、合作办学、人才培养等议题深入交流。与（南非）中国文化国际教育交流中心对接座谈、寻求合作。

2. 培训非洲学员，提升技能水平

自2010年起，湘外院、山东外贸职业学院、宁波职业技术学院、隆平高科、湖南省儿童医院等联盟成员单位依托中国对非人文交往机制，常态化接收非洲学员来华受训，接收学员累计达15 000多人次，覆盖非洲52个国家和地区。培训对象主体多元，涵盖政府官员、企业人员、技术人员、产业工人、教师等。培训领域丰富，包括农业、工程机械、文化传媒、轻工工艺、能源资源、教育医疗、商贸管理等。通过培训，非洲学员的专业技术水平、实际操作能力、行政管理水平、个人竞争力均有显著提升。

3. 实施境外项目，改善当地民生

湘外院、山东外贸职业学院、江西外语外贸职业学院、宁波职业技术学院等联盟成员单位，精心挑选职教专家、技术骨干赴非洲授课，并配备经验丰富的课堂口译员，在中非、塞拉利昂、赞比亚、贝宁、赤道几内亚、利比里亚等国开设竹藤编织、陶瓷制作、汽车维修、机械制造、纺织缝纫、有色金属等职业教育短期培训班，共计培训学员1 200人次。

4．建设境外基地，赋能当地师生

自 2016 年以来，湘外院在苏丹、布基纳法索分别参与建设职业培训基地、执行技术合作项目，先后开设数控机床、汽车维修、机械维修、水道技术、焊接技术、建筑工程、西点烘焙、服装缝纫工艺等 15 个专业，培训当地师生近 7 000 人次，开发智力成果 180 多项。经结业测试，参训学生的专业理论知识、实操能力、综合素质、就业竞争力均有显著提升；参训教师的专业水平、教学能力、师风师德等均有较大进步。

5．共建"鲁班工坊"，提升青年技能

联盟成员单位天津轻工职业技术学院推动建成埃及"鲁班工坊"。工坊于 2020 年 11 月揭牌，启动数控设备应用与维护、新能源应用技术、汽车运用与维修技术等专业建设，计划每年招生 1 000 人左右，旨在为埃及青年提供技术技能培训。

6．开展境外办学，服务中企出海

联盟成员单位湖南有色金属职业技术学院与中国有色矿业集团合作在赞比亚开办中国–赞比亚职业技术学院。该学院为三年制学历教育的职业技术学院，主要为在赞中资企业开展员工技能培训，现有中职在校生 195 人、高职在校生 120 人。由该学院开发的金属与非金属矿开采技术专业教学标准获批成为赞比亚国家教学标准。该学院不仅为中资企业海外可持续发展提供人力资源支撑，更为当地社会经济发展培养优秀技术人才。

7．对接人才供需，优化人才配置

联盟举办了湖南省外经贸类 2021 届高校毕业生供需见面会，来自联盟内外的 200 多家用人单位提供了 9 000 个就业岗位，来自联盟内外 40 多所高校的 7 000 多名应往届毕业生应聘，达成了一批就业意向，710 人当场签约。供

需对接满足了院校、企业、学生多方需求，实现了人才资源的最佳配置。

8. 从事理论探索，打造智库品牌

2020 年，联盟完成教育部"中国高职教育走进非洲（塞内加尔）"课题，研究成果受到教育部专家高度肯定。2021 年，联盟联合中国国际贸易学会开展"后疫情时代中非经贸合作的机遇与挑战"等研究。同时，联盟邀请了湖南省商务厅、湖南省教育厅、湘外院等领导、专家就职业教育如何服务好中非经贸合作献计献策，理论框架初步搭建，成果刊载于《湖南日报》。这是对职业教育深度参与中非能力建设的有益理论探索。

9. 举办公益培训，普及合作常识

联盟不定期举办公益培训，已就"后疫情时代中非经贸合作的机遇与挑战""疫情期间赴非个人保健知识""在非中资企业如何实现员工本地化"等主题举办"线下+线上"专题培训。

10. 建设专家师资库，确保教学水平

联盟已建成十大类师资库，拥有专家 658 名，其中，110 人拥有正高级职称，125 人拥有副高级职称，涵盖经济贸易、轨道交通、影视传媒、能源电力、工程机械、土木建筑、医疗卫生、公共管理、中国国情、职业教育等专业。

（三）方法论提炼

1. 项目亮点、特色

（1）唯一性。

联盟是中国唯一的专注非洲、突出技能、打通产教、服务经贸的职业教

育联盟，也是中国（湖南）自由贸易试验区中非经贸深度合作先行先试区项下唯一的能力建设类机制举措，其工作宗旨在于助力非洲能力建设、服务中非经贸合作。

（2）综合性。

联盟致力于打造综合性资源整合平台，能够链接到能力建设工作必备的境内外职业院校、企业、政府、科研机构、国际组织等方面的优质资源，并根据项目需要合理配置要素。

（3）专业性。

联盟拥有中国各领域的头部机构、头部专家，包括十多所国家示范性高等职业院校、对非合作龙头企业、三甲医院、科研单位等，并有效实施了一批专业性很强的对非能力建设合作领域的标志性项目，实现了对非"授人以渔"。

（4）直接性。

依托中国（湖南）自由贸易试验区、中国－非洲经贸博览会、商务部国际商务官员研究基地三大开放平台，联盟可与非洲国家驻华使领馆、政府部门、职业院校、中非企业、培训对象等进行直接、便捷、高效的交往对接，及时获得非洲各方面的信息、需求与反馈，不断推动人才培养提质增效。

2. 项目实施意义及影响

（1）聚焦非洲，服务中国对非能力建设合作大局。

该项目始终围绕中国对非外交战略，尤其是中国对非能力建设合作的工作部署，高度关注重点国别、重点领域、重点产业、重点项目，做好人力资源外交服务工作。

（2）立足湖南，长效服务中非经贸合作。

该项目充分撬动中国（湖南）自由贸易试验区和中国－非洲经贸博览会的平台优势，扎根湖南、面向全国，为全国对非企业提供"一站式"人才赋能服务。

（3）专注本业，探索能力建设合作的有效模式。

该项目深耕职业教育，用培训师生、开发教材、研发标准等办法，帮助非洲国家建成适应当地经济社会发展的国家职业教育体系，逐步打造"能力提升成效显著、非洲国家乐于接受、成本风险总体可控"的对非能力建设合作新模式，并复制推广。

（4）突出能力，助力非洲自主发展。

通过实施能力建设行动计划，稳步提高非洲青年人的技能水平，培育担负构建中非命运共同体任务的青年力量，助力非洲尽早实现非盟《2063年议程》，创造和平繁荣的新非洲。

3. 项目实施所具备的条件及注意事项

（1）所具备的条件。

第一，起点较高、开局良好。联盟自成立以来，受到了国家各部委、湖南省、非洲国家的密切关注、大力支持和高度肯定，并被列为中国（湖南）自由贸易试验区中非经贸深度合作先行先试区机制举措。依托中国（湖南）自由贸易试验区、中国–非洲经贸博览会、商务部国际商务官员研修基地三大国家级开放型平台，联盟可与政府部门、职业院校、企业、科研机构等进行直接对接。

第二，经验丰富、基础扎实。联盟秉持宁缺毋滥的成员发展原则。成员单位多为一流职业院校、龙头企业，具备较强的对非合作实力、较丰富的对非工作经验和较清晰的对非合作愿景。目前联盟已进行了包括开展培训、建境外基地、赴境外办学、建"鲁班工坊"等在内的实践探索。可以说，联盟储备了较为扎实的对非能力建设工作基础。

第三，师资强大、技艺精湛。培养人才，教师是关键。联盟拥有境内外近百所职业院校、企业的优质师资力量，已形成十大类师资库，可以满足多层次、多领域、多类型的对非能力建设需求。

（2）注意事项。

第一，注意做到专注非洲、专注本业、服务经贸，发挥好资源整合的作用。

第二，注意紧扣国家整体外交战略和湖南省对非经贸合作重点工作，有的放矢。

第三，注意始终把企业一线对人才的需要作为指挥棒，深化校企合作、产教融合，扎根市场。

第四，注意研究非洲国家的需要，特别是关切非洲的民生需要，务必做到共商共享、互利共赢。

第五，注意输出中国软实力，在开展培训的同时，通过设计教学标准、课程体系、技能赛事标准等方式，向非洲输出中国职业标准、技术标准。

（四）合作前景

能力建设是中国对非合作战略的重要部分，同时，中非经贸合作实践对技能型、实操型人才的需求巨大。

第一，非洲国家需求迫切。非洲国家迫切希望深化中非能力建设合作，以提升本国劳动力职业技能、增加就业、提高收入、改善民生。

第二，中资企业愿望强烈。中国企业赴非生产经营活动"一才难求"，尤其是技能型、实操型人才缺口较大，员工本地化需求强烈。

第三，联盟成员经验丰富。联盟成员单位在对非能力建设领域进行了大量探索与实践，执行了多类型、多领域、多层次的人力资源开发项目，储备了经验，总结了规律，打下了基础。

第四，职业院校参与积极。职业教育"走出去"和加速国际化已成为中国职业教育的发展共识、内生需要、必由之路。职业院校参与对非能力建设合作的积极性较高，并迈出了务实坚定的第一步。

三、新时代中国对非职业教育合作的策略思考

大力开展对非职业教育合作是中非教育与人力资源开发合作的应然内涵，尤其是进入 21 世纪以来，其更是面临着来自社会多个领域的巨大发展需求。因此，有必要从国家战略的高度重新考虑其肩负的时代使命和应然价值，并就未来如何更好地推进该项实践多做思考。以下从统筹整体架构、丰富实践模式、规范评估标准及中布职业教育合作面临的机遇四个方面提出几点策略。

（一）呼应国家战略，统筹整体架构

开展对非职业教育合作是国家利益所在，也是国际责任所在，对双方国家的发展都将带来更多深度合作的新可能。因此，必须要结合当前中非合作的战略需求，给予该项实践更加科学、全面的角色定位，不断完善各利益相关方的协调合作机制，以形成多方合力。通过拓宽融资渠道，为顺利推进各项实践开展提供坚实保障。

1. 明确战略定位，树立科学观念

明确开展对非职业教育合作的角色定位与战略价值，是科学树立对非职业教育合作观念的首要问题。需要结合当前国家重点推进的"一带一路"建设、职业教育"走出去"战略，约翰内斯堡峰会行动计划及各实践主体开展的对非职业教育合作实践加以统筹。正如 2016 年教育部印发的《推进共建"一带一路"教育行动》中所指出的，教育为国家富强、民族繁荣、人民幸福之本，

在共建"一带一路"中具有基础性和先导性作用。对非职业教育合作则肩负着更加丰富的时代使命。具体来说：开展对非职业教育合作不仅是帮助非洲国家培养职业技术人才及提升职业教育水平的应有之义，也是助力中国企业走进非洲、服务"一带一路"中非产能合作、推动中国职业教育"走出去"的重要渠道。基于此，就可以科学地把握实践开展的基本观念。从援助的角度来看，必须要摆脱"为了援助而援助"的滞后理念，从援助转向合作应成为未来双方职业教育合作的唯一方向；从服务企业"走出去"的角度来看，除了结合企业需求加强相关专业的支持力度，依托企业平台创新实践形式，也是值得不断探索的内容；从服务"一带一路"倡议的角度来看，应有选择性地对"一带一路"重大建设项目相关专业及最不发达国家加强支持力度；从职业教育"走出去"的角度来看，要更加强调高职院校作为实践主体的参与力度。

2. 完善协调机制，形成多方合力

完善各利益相关主体间的协调合作机制，不仅有利于高效地完成实践任务，也能够促进多方资源的统合与优势发挥，以形成合力。针对当前实践开展过程中暴露出来的各种协调合作问题，尤其是面对不同项目之间因牵头主体不同，而产生的部门主导与配合关系角色转换的问题，以及一些涉及责任部门较多的项目，一方面要加强教育部职业教育与成人教育司、商务部、推进"一带一路"建设工作领导小组、各行业相关部委等机构之间的沟通交流，就开展对非职业教育合作问题形成路径畅通、共同参与的联动工作机制；另一方面要及时总结项目开展过程中出现的一些实际问题，厘清各部门的权责归属，避免出现责权不清或交叉等问题。

此外，对于对非职业教育合作实践主体的不断丰富，还需要通过政府的政策性鼓励指导，将来自各方的资源加以整合，如通过一个项目框架，将其涉及的各个子项目统合起来，充分发挥不同主体的优势资源，以形成多方合力推进的合作格局。

3. 拓宽融资渠道，提供持续保障

资金保障问题是各实践主体顺利开展各项工作的必要条件。就传统的各类职业教育培训的资金使用来说，通常由商务部统筹管理。但随着对非职业教育合作规模的不断扩大，经费来源面临的压力也会越来越大。因此，必须要拓宽融资渠道，扩充经费来源。以企业、高职院校为代表的各方主体在该项实践中的不断活跃，以及当前各项国家战略对开展对非职业教育合作需求的增加，带来了新的融资空间，如为服务中非发展合作、"一带一路"倡议及"走出去"战略等设立的中非发展基金、非洲人力资源开发基金、丝路基金、外经贸发展专项资金及企业"走出去"专项基金，可以通过项目合作的形式从相关渠道争取相应的经费支持。

此外，还可以借鉴国际经验，加强与第三方国家或组织之间的合作，既丰富了实践开展的形式，同时也可以争取到更多的资金，如世界银行、联合国等在非洲教育与人力资源开发领域都设立有大量的专项基金，能否通过国际合作共同扩展融资渠道是值得探索的一个领域。

（二）树立"楚怡"职教品牌，丰富实践模式

对非职业教育合作的实践内容代表的是中国的职业教育标准，更是一份国际责任。因此，必须要更加重视中非职业教育合作的品牌建设，开发出统一的规范与标准。同时，还要更加重视高职院校和在非中资企业作为开展对非职业教育合作实践主体的重要作用，加强中非职业教育合作基地建设，并依托各类国际平台，创新多样的合作形式。

1. 注重品牌建设，开发统一的中非合作职教标准

随着中国现代职业教育体系的不断完善，加强职业教育优质校建设，树立中国职业教育品牌已逐渐成为当前中国职业教育发展的核心任务。而开展

对非职业教育合作作为中国职业教育面向非洲国家"走出去"的重要内容，其输出的各项理念文化、技术标准、物资设备等，是中国各项职业教育标准的国际形象，对展现中国职业教育发展水平，提升中国职业教育国际竞争力具有重要意义。对此，需要加强中非职业教育合作"品牌建设"，形成统一的中非合作职教标准。具体来说，除了一些硬件设备，成套项目一般由政府统一采购支持，并对其质量、规格加以规范。对于开展职业教育培训、提供技术指导等具有较大弹性的实践内容，一方面，要充分了解非洲国家的实际需求，如通过已有文献研究、与在非企业和一些资深专家的访谈、或选派中国职业教育专家赴非进行实地调研与田野研究等途径，有针对性地了解非洲国家的实际需求；另一方面，要结合中国相关行业技术标准、职业教育专业设置、课程内容等具体情况，采用共同制定课程标准、联合出版教材等形式，形成供需契合的中非合作职教标准。此外，对于一些介绍中国文化的公共课程，同样也可以统一其内容标准，并在执行过程中，严格按照《商务部对外援助培训项目管理规定》等相关政策文件推进。这样不仅有利于项目监督、规范，也可以在一定程度上帮助实践主体做到有章可循。

2. 发挥职业院校力量，加强中非职业教育合作基地建设

职业院校是参与对非职业教育合作的实践主体之一。随着中国职业教育协同企业"走出去"战略试点工作的不断推进，高职院校必将发挥出更加重要的作用。因此，在一些典型的中非教育合作项目中，政府要更加关注高职院校的功能发挥。如向高职院校划分政府奖学金支持更多的非洲留学生名额、将更多的高职院校纳入"中非高校 20+20 合作计划"、增加高职院校"中国职业技术教育援外培训基地"的数量等。

为了能够高质量、高标准地开展对非职业教育合作，中国高职院校也要不断提升其承担国际技术服务和国际教学等方面的能力，例如，秉持科技就是第一生产力的理念，不断加强科技创新，进而提升技术服务能力与水平；

加强语言方面的学习，尤其是要重视一些技术骨干教师的外语教学能力提升，以培养出一批政治意识高、服务意识强、能力水平尖、相对稳定的高素质教师专家等。

3. 依托国际平台，创新多样的合作形式

中国开展对非职业教育合作实践的历史并不短，但直到 21 世纪才开始在形式上有所突破，但由于非洲各个国家在政治、经济、文化等方面存在巨大差异，大部分实践仍未形成可直接复制的经验。因此，我们要积极依托来自国际社会的各类平台，不断创新中非职业教育合作的实践形式。

此外，还可以充分依托在非中资企业的平台，不断创新校企合作的形式，如通过政策鼓励，与在非中资企业根据其人才需求在当地设立职业培训中心，培养合格的职业技术工人，对于已经建立职业培训中心的企业，也可以采用国内高职院校直接托管合作的形式。

（三）注重经验总结，规范评估标准

在国际合作领域，合作效果的改进一直是不懈追求的议题。根据现有经验的总结评估，提出下一阶段的改进策略，是提升合作有效性的一般途径。鉴于此，我们在不断开展对非职业教育合作的实践过程中，也要注重不同阶段、项目的经验总结，并建立起一整套的考核评估机制，以确保资源的有效利用和目标的充分达成。

1. 严格遴选标准，规范资格认定程序

实践主体的资格准入问题是确保各项实践顺利开展，并取得理想效果的基本前提。对于中非职业教育合作实践主体的遴选具有较大主观性，没有明确资格准入标准的问题，中国除了由商务部颁布的《援外项目实施企业资格

认定》对企业的准入资格加以规范外，对高职院校、专业技术科研基地等尚未有相关规定。因此，应该以政府牵头，采用召开会议、委托相关专家组建研究团队等途径，通过实地调研、借鉴其他相关领域的已有经验，根据各相关单位的软硬件设施、教师专家团队建设、单位的行业影响等维度，尽早形成规范的资格认证标准，以遴选出更多有实力参与中非职业教育合作的单位。此外，对于已经参与对非职业教育合作实践的各实践主体，还要通过定期或不定期检查的方式，进一步核实其实践开展的真实情况是否与前期申报资格认定时提交的内容一致。

2. 加强过程监督，提升人才培养质量

与过程性评价所强调的采用目标与过程并重的价值取向类似，加强对实践开展过程监督同样对于全面评估合作实践的效果，确保人才培养质量尤为重要。对此，除了严格按照相关政策法规及统一的职业教育对外合作标准开展各项实践外，还可以尝试建立不参与项目执行过程的第三方独立机构。以高职院校举办的各类援外培训班为例，一方面，要确保培训班在课程内容、人员接待、日常管理等方面是严格遵守《商务部对外援助培训项目管理规定》的相关规定实施。尤其是在教学过程中，要确保教师的外语教学水平及教学方法的使用。对于不同领域的专业课程，要因地适宜地采取不同的教学模式。另一方面，记录收集的过程性评估意见，也可以直接作为对外合作培训的一线资料，方便进行经验的总结和梳理，这对于我们进一步改进援外培训班的模式，确保人才培养质量来说大有裨益。

3. 公开绩效评估，扩大国际影响范围

在客观评估各项合作实践效果的基础上，公开各项对非职业教育合作实践的绩效评估，对于讲好职教合作故事，扩大中国职业教育的国际影响力尤为重要。对此，除了继续当前实施的考核评估管理办法，以及未来可能增加

的第三方评估意见外，增加对服务对象的调查跟踪反馈，同样有利于丰富、全面地体现对非职业教育合作的实践效果。对此，还需要借鉴世界银行、德国等国际组织或发达国家的先进经验，充分借助在非使馆、留学生交流协会等各类平台，进一步建立项目开展的追溯评估机制，并将追溯评估指标也纳入到项目开展效果评估的结果中。在此基础上，将相关结果汇总提交给商务部或其他相关部委，以专题的形式将中非职业教育合作的故事讲好。

（四）中布职业教育合作面临的机遇

尽管中布两国都经历了政治经济状况的种种变化，但是双方的友好合作伙伴关系却越来越走向纵深。尤其是进入 21 世纪以来，"中非合作论坛"的持续召开、"一带一路"倡议下的"丝绸之路"教育援助计划的实施、职业教育"走出去"战略的内在诉求、在非中资企业的巨大人才需求及学术界对于非洲研究的关注等，都为中国开展对非职业教育合作提供了良好的契机。

1. "中非合作论坛"为中布职业教育合作提供持续保障

自 2000 年以来，"中非合作论坛"已顺利召开八届，其中在教育与人力资源开发两个部分就明确、持续地提出了开展对非职业教育合作的具体内容。可以很直观地看到，二十余年间，从最直接、简单的职业技术人才的培养，到职业院校、相关配套设施、教师及管理人员等一体化合作，反映出了中国对非职业教育合作在政策支持力度、涉及的专业领域、开展的形式等方面都在不断的深化。从这个角度上来看，中非职业教育合作已积累了相当丰富的经验，为后续双方的进一步合作奠定了坚实的实践基础。

2. "一带一路"倡议为中布职业教育合作发展带来新契机

"丝绸之路经济带"和"21 世纪海上丝绸之路"（简称"一带一路"）是习

近平主席于 2013 年为了主动应对国际国内形式的变化提出的一项合作倡议。中国政府连续多次在中国官方政策文件中作为政府工作的重要内容予以统筹强调，受到了国际社会的广泛关注与高度评价。其中，虽然早期制定的沿线国家仅涉及了一个非洲国家——埃及，但随着"一带一路"建设的深入开展，越来越多的非洲国家纷纷响应并表示愿意加入到这一行动中来。因此，布基纳法索等西非国家也必然会作为"一带一路"建设的重要方向受到重视。在此背景下，中国各级政府、相关单位也纷纷积极响应"一带一路"倡议的相关部署。这不仅是实现中布职业教育领域政策沟通、设施联通，并推动中布两国民众民心相通的重要举措，同时也为"一带一路"倡议下的中布产能合作与转移提供必需的技术技能人才。因此，"一带一路"倡议的提出为中国开展对布职业教育合作、进而做大中非教育合作的整体格局带来了新契机。

3. 职业教育"走出去"的内在诉求

职业教育"走出去"战略是加快中国职业教育国际化发展水平、完善现代职业教育体系建设的应有之义。自党的十八届三中全会中对"加快现代职业教育体系建设"进行战略部署以来，中国政府就陆续出台了《关于加快发展现代职业教育的决定》《国务院关于推进国际产能和装备制造合作的指导意见》等系列文件，多次强调职业教育"走出去"应是当今职业教育发展的当务之急。究其原因，不难发现，中国职业教育在国际领域中，尤其是与德国、芬兰等发达国家的职业教育发展相比，仍处于相对边缘的位置，存有较大的发展空间。但中国职业教育在办学水平、专业设置、学科建设等方面完全有能力引领一大批职业教育发展水平相对滞后的发展中国家。因此，这些国家拥有的巨大职业教育市场潜力也就自然地成为中国职业教育"走出去"的重要方向。

在此背景下，开展中布职业教育合作自然就成为中国职业教育"走进非洲"、输出"楚怡"职业教育标准、打造职业教育中国品牌的应然之举。

4. 加强中布人文交流越来越受到社会各界的广泛重视

加强中布人文交流能有效增进双方民众的了解互信，促进民心相通。对中，以中布职业教育合作作为双方民众开展人文交流的重要渠道之一，不仅广受两国政府的一致认可，也同样反映在中国学术界的布基纳法索研究热潮中。究其原因，无论是开展何种形式的对布职业教育合作，其必要前提之一是对该国社会发展概况、教育发展尤其是职业教育发展状况、人力资本开发的模式与水平、职业技术人才培养的需求等方面的内容进行较为详细的研究考察，并制订出相应的合作方案。因此，在国家相关政策的鼓励与支持下，自2007年浙江师范大学成立中国高校首个综合性、实体性的非洲研究机构以来，北京大学非洲研究中心、中国社会科学院西亚非洲研究所、上海师范大学非洲研究中心等10余个非洲研究机构陆续成立，并从不同国别、不同社会领域、不同学科领域，使用不同研究方法展开深入的学术研究，学术著作、科研论文、学术交流会议等成果显著。

2010年以来，仅CNKI数据库关于非洲研究的文章，每年平均有4 000篇的收录量。丰富的研究成果不仅增进了我们对非洲国家的了解与认知，更为中国进一步开展对布职业教育合作提供了充分、科学的指导素材。

参考文献

［1］布基纳法索国家概况. 中华人民共和国外交部［EB/OL］.［2022-05-23］. https://www.mfa.gov.cn/web/gjhdq_676201/gj_676203/fz_677316/1206_6774 62/1206x0_677464/.

［2］中华人民共和国与布基纳法索恢复外交关系. 中华人民共和国外交部［EB/OL］.［2022-05-23］. https://www.mfa.gov.cn/web/zyxw/201805/t20180526_343846.shtml.

［3］湖南省地方志编纂委员会. 湖南省志·教育志［M］. 长沙：湖南教育出版社，1995.

［4］姜文，伍飞. 中职特色课间操的创编与实践探索——以新化县楚怡工业学校"楚怡大课间操"为例［J］. 湖南教育（C版），2022（01）：51-53.

［5］袁杰伟，等. 湖湘文化视域下楚怡职教精神溯源［J］. 湖南工业职业技术学院学报，2021，21（06）：29-32，61.

［6］陈文静，等. 百年楚怡：湖南职教人的精神富矿［J］. 湖南教育（C版），2021（01）：4-17.

［7］刘建湘. 让百年楚怡永不褪色［J］. 湖南教育（C版），2021（01）：36-39.

［8］陈全宝. 弘扬楚怡职教精神，培育财经技能人才［J］. 湖南教育（C版），2021（01）：52-53.

［9］刘湘国，刘姝蕾."三全育人"综合改革背景下开展"楚怡"职教精神研

究的重要意义[J]. 经济师，2020（11）：200-201.

[10] 常浩. 教育合作　释放活力[J]. 中国投资（中英文），2017（20）：22-27.

[11] 李志伟. 中国投资，非洲发展的助推器[N]. 人民日报，2017-10-06
（03）.

[12] 梅新林. 走特色化的中非教育合作交流之路[J]. 西亚非洲，2007（8）：
66-69.

[13] 陈明昆，张晓楠，李俊丽. 中国对非职业教育援助与合作的实践发展及
战略意义[J]. 比较教育研究，2016（8）：1-6.

[14] 张学英，王璐. 非洲青年就业及职业技能积累问题研究[J]. 职业技术教
育，2015（13）：68-73.

[15] 蒋昌忠. 传承楚怡职教历史弘扬楚怡职教传统用心用情擦亮湖湘职业教
育品牌. [J]. 湖南教育（C版），2021（1）：18-21.

[16] 湖南省教育史志编纂委员会. 湖南近现代名校史料[M]. 长沙：湖南教育
出版社，2012.

[17] Fidèle BOGNOUNOU, Patrice SAVADOGO, Adjima THIOMBIANO，等. 西
非布基纳法索共和国道路网干扰对路边环境Pteleopsis suberosa更新的影
响[J]. 林业研究（英文版），2009，20（4）：355-361.

[18] 季夫·汗·穆罕默德. 中国人在布基纳法索：民间的中非合作[A]. 王唱，
译. 中国非洲研究评论（2014）总第4辑[C]. 2015.

[19] 顾蓬蓬."产教融合"模式下师资建设途径研究[J]. 无线互联科技，2018
（12）：109-110.

[20] 陈静，祝士明. 中国援助埃塞俄比亚职教师资问题探究[J]. 中国职业技
术教育，2014（18）：59-62.

[21] 李欣颖，周岩. 高职师资队伍建设的思考研究[J]. 湖北开放职业学院学
报，2019，32（02）：21-22.

[22]岳辉.中国高等职业教育师资队伍建设研究[D].天津:天津大学,2009.

[23]冯蓉.谈现代职业教育师资队伍建设[J].才智,2017,(11):143.

[24]金台.现代职业教育师资队伍建设初探[J].河南司法警官职业学院学报,2005,3(03):119-121.

[25]石瑛."十四五"时期职业教育师资队伍建设改革定位及其发展策略研究[J].创新创业理论研究与实践,2021,4(12):1-2,8.

[26]刘忠彬,贾联合,孙雪丽.产教融合背景下中等职业教育教学方法研究[J].职业,2021(15):73-74.

[27]程旭.高等职业教育教学管理[J].中外企业家,2016(32):185.

[28]谢凤静.高等职业教育教学模式研究综述[J].牡丹江大学学报,2022,31(04):92-97.

[29]邢金山.浅谈职业教育教学管理[J].佳木斯教育学院学报,2011(02):230.

[30]袁明兰.浅析中国现代职业教育教学管理[J].中国管理信息化,2016,19(12):243.

[31]王敦.新加坡职业教育理念与教育教学管理创新谫论——兼及工匠精神人才的培育与启示[J].南宁职业技术学院学报,2018,23(06):39-43.

[32]李丹.新时代高等职业教育教学管理工作创新研究[J].淮南职业技术学院学报,2021,21(04):103-104.

[33]张兴会,赵世彤.职业教育国际化标准的研究与实践——以天津中德应用技术大学为例[J].天津中德应用技术大学学报,2021(03):41-46.

[34]叶飘.天津高职教育国际化实践研究[D].天津职业技术师范大学,2018.

[35]刘皓,揣玉多.高等职业教育国际化专业教学标准开发路径初探[J].教

育现代化，2019，6（68）：104-106.

[36] 吕景泉，汤晓华，周志刚.建设国际化高职教育专业教学标准的学理考量[J].中国高教研究，2014（09）：102-105.

[37] 夏侯珺，张页.职业教育国家教学标准构建的思考[J].职教论坛，2020（01）：67-72.

[38] 唐正玲，程方启，郑琼鸽.职业教育专业教学标准建设研究综述[J].职教通讯，2018（17）：59-67.

[39] 刘柳.职业院校教育教学标准创新的实践[J].柳州职业技术学院学报，2020，20（06）：42-45.

[40] Osei Simon Peter.布基纳法索的教育系统[J].张海琳，译.西非漫谈.2021（15）.

[41] 对外投资合作国别（地区）指南：布基纳法索（2021年版）.中华人民共和国商务部[EB/OL].[2022-05-23].http://www.mofcom.gov.cn/dl/gbdqzn/upload/bujinafasuo.pdf.